TAKEDA

BARBECUE

たけだバーベキュー

すごいバーベキューのはじめかた

YOSHIMOTO BOOKS

DESIGN
ALBIREO
ILLUSTRATION
TOMOMI KAZUMOTO

鮮やかな色の食材は雰囲気抜群。特に赤と黄のパプリカは、マストで買っておきたい。
（159ページ）

野菜の彩り、木の温かみが雰囲気を盛り上げる。

木製の食器は、アウトドア感を高めてくれる重要なアイテム。
（89ページ）

肉はとことん豪快に、
野菜はちょっとオシャレに。

たけだバーベキューが必ず持っていく調味料一式。調味料については、詳しくは161 ～ 164ページで。

バーニャカウダーは野菜をオシャレに、そしてビックリするほどおいしく変身させてくれる。(125ページ)

デカい肉を焼けば、それだけでみんなのテンションがあがる。(113ページ)

塩とコショウは必ずミルでひく。香りが立つのはもちろんのこと、見た目の演出効果も高い。(90ページ)

スペアリブを焼くときは、ラブを塗り込んでおくとワンランク上の味に。（122ページ）

スペアリブのもうひとつのコツは、バーベキューソースを焼きあがりの少し前にハケで塗ること。（123ページ）

アイデア次第で、可能性は無限。

スキレットを使った簡単アヒージョ。焼いたバゲットをオイルにつけて、めしあがれ。（139ページ）

上／焼き肉のタレとバターで炒める、特製焼きそば。バターは、できあがりの直前に加える。（127ページ）

右／いつもの焼きそばに、トマト缶を豪快にプラス。それだけで、イタリアンな味わいに生まれ変わる。（137ページ）

前菜とデザートで、新鮮な驚きを。

さっぱりゼリーのトマト添え。火起こしの合間にこんな前菜を出せば、みんなの心をグッとつかめる。(111ページ)

上／前菜にぴったりのワカモレディップ。トルティーヤチップスもご一緒に。(111ページ)

下／シナモンシュガーをかけた焼きバナナ。こうした甘いデザートでバーベキューを締めくくろう。(131ページ)

グリルは引き出し式がおすすめ

火床が引き出し式になっているグリル。炭を足すときに網を外す必要がなく、使いやすい。(78ページ)

バーベキューにはオガ炭を持っていこう

左／オガ炭。火つきはよくないが、火力が安定していて、長持ちする。(48ページ)

上／一般的なマングローブ木炭。火はつきやすいが、燃え尽きるのも早い。

火起こしの手順 (56ページ)

まず着火剤を下に置き、その上に炭をできるだけ高く積み上げる。
「高く積む」ことが、火起こしでもっとも重要なポイント。

手順

1. 火床に着火剤を置く(量は多めがよい)。
2. その上に炭を高く積み上げ、着火剤に火をつける。
3. 20分ほど待つ。積み方が正しければ、うちわであおぐ必要はない。

チャコールスターターの使い方 (60ページ)

チャコールスターターなら、誰でも簡単に火起こしができる。
グリルの上など安全な場所に置いて使おう。

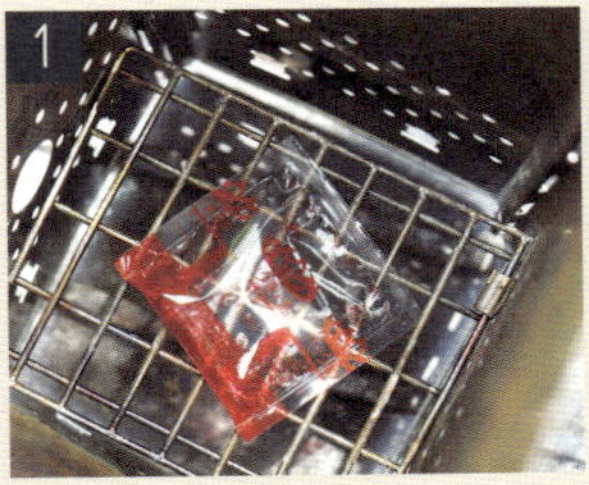

手順

1. チャコールスターターの中の網の上に着火剤を置く。
2. その上に炭を入れていく。
3. 着火ライターで火をつける。
4. 煙突効果で自然に火が起こる。
5. 火がついた炭をグリルに移す。

はじめに

ぼくはもともと、「お笑いで売れる」、そう思って芸能の世界に入りました。
「おもろい」と言われたいがために、日夜ネタを考え、相方とネタ合わせをし、空いた時間を使ってバイトをする。そんな日々を過ごしていました。しかし現実は厳しく、ネタで日の目を見る芸人というのはほんの一握りです。

そんな鳴かず飛ばずの生活の中、ぼくの楽しみといえば先輩や後輩、同期たちと集まってするバーベキューでした。

もともとバーベキューが大好きでよくやっていたぼくは、「せめてここでは盛り上げたい」と思い、これまでにつちかったレシピや焼き方を披露しました。すると来ていた仲間が、「お前の料理、美味いなぁ」「めっちゃおいしい」と、えらく高い評価をくれたのです。

評価されることに慣れていないぼくは、「そんなことないってー」と言いながらも、内心大喜びでした。

それからというもの、「もっと楽しませたい」と思うようになり、その一心でバーべキューのたびに違うレシピ、新しいアイデアを取り入れ、どんどんとバーベキューの魅力にはまっていきました。

すると次第に、「すごい、こんなバーベキュー経験したことない!」「いや、お前のバーベキューすごいなぁ!」と、周りの反応にも変化が出てきました。

まさに、バーベキューで人に驚きを与えられるということがわかった瞬間でした。

そして、「もっとバーベキューで驚かせたい!」、そう思いながら焼き続けていると、気づけば改名し、〝たけだバーベキュー〟として活動を開始していました。

そんなぼくのバーベキュー、どこに驚きがあるのか、なぜすごいと言われるのかを、この一冊に詰め込みました。

これを読むと、あなたのバーベキューもきっと〝すごい〟と言われるはずです。

さぁ、それではこれから、あなたをその〝すごいバーベキュー〟の世界にご案内したいと思います。

ちなみに、「すごい」とは言われても、「おもろい」と言われる方法は載っていませんのであしからず!

第一章 バーベQ力条の心得

第二章 火起こしのあれこれ

第五章 バーベキューをさらに楽しむ

第一章

バーべの心得Q力条

〝すごいバーベキュー〟をはじめるにあたって、
まず、バーベキューに対しての向き合い方、
バーベキューでの心得を9つにわけて解説します。
これを読む前と読んだ後でのバーベキューは、
きっと大きく違ってくるはずです。

そんな、「バーベの心得Qカ条」。
あなたを一歩先のバーベキューへとお連れします。

非日常を生む〝なのに理論〟

「バーベキューって雰囲気モノでしょ？」と少し見下げた言い方をする人が中にはいます。

しかし、たけだがずばり言いましょう。バーベキューは雰囲気モノです！

「おやおや、どういうことだ、たけだ？」と思った方に説明を付け加えます。

バーベキューは、雰囲気は雰囲気でも〝**非日常**〟の**雰囲気を楽しむ**ものなのです。

考えてみればですよ、バーベキューというのは、快適な家から出て、わざわざ不便な所へ行って調理をするものです。でも、なぜか毎回わくわくしながらバーベキューの計画を立ててしまう。これってすごくないですか？　でもそれがバーベキューの醍醐味なんです。

つまり言い換えれば、バーベキューは**不便さをも楽しんでしまおうという究極のエンターテインメントでもあるの**です。

そしてさらに、自然という解放された空間で食事をするという、この〝**非日常**〟の**雰囲気こそがバーベキュー最大のスパイス**なのです。このスパイスがあれば、どんなに安いお肉でもたちまちおいしくなってしまいます。自然という名のスパイスに勝るスパイスをぼくは知りません。

このように、〝非日常〟の雰囲気がバーベキューにわくわくと楽しさとおいしさをもたらしてくれているのです。

ですから、バーベキューをいつもよりもっと楽しくするためには、いかにこの非日常の雰囲気を高めていくかが重要になってきます。あなたが演出家になったつもりで、さまざまなアイデアやアイテムを駆使して、普段と一味違う雰囲気を演出してください。そうすれば、「今日のバーベキューはなんだかすごいぞ」という空気が広がっていきます。

しかし、さっきから言っている非日常の雰囲気とはいったいどういうことか。これは簡単に言うと、**「え？　〇〇なのに△△みたい！」**です。

すみません、わかりにくいですね。

昨今流行りのグランピングを例に挙げてみると、「え？　キャンプなのにホテルみたい！」、または「え？　アウトドア料理なのにレストランみたい！」。こういうことです。

野外に、中がかわいく装飾されたテントがあるとそれはもう非日常ですよね。アウトドア料理で肉をフランベされた日にはもう、女子の心はイチコロです。

要するに、その空間に**ギャップを演出してあげる**ことが、さらに非日常の雰囲気を増すことにつながるのです。ぼくはこれを〝**なのに理論**〟と呼んでいるのですが、これにあてはめるとバーベキューは一気に進化します。後で例はたくさん出てきますが、「え？　バーベキュー**なのに**△△みたい！」、こう言わせれば、もうこっちのものです。

〝雰囲気の演出〟は、この本でバーベキューのさまざまなテクニックを紹介していくうえで、重要なキーワードになります。ぜひ覚えておいてください。

驚きが倍になる"バーベキューマジック"

雰囲気を演出するといっても、難しく考える必要はありません。

これは声を大にして言いたいのですが、**バーベキューのハードルは、実はむちゃくちゃ低いのです。**

一般の人のざっくりしたバーベキューのイメージは、「肉や野菜を焼いて、焼肉のタレで食べる」。これだけです。言い換えればただの野外焼肉です。

しかし、ここがかなり重要で、バーベキューに出てくる料理や味に期待している人はまずいないということなのです。

ですから、このめちゃくちゃ低い期待値、つまり低すぎるハードルを逆手にとって、ほんのちょっと小洒落た料理を出すだけで「スゴい！」「こいつはデキる！」と思われるのです。

たとえば、レストランで前菜が出てきても特に驚きはありませんが、これがバーベキューだと、「バーベキューなのに前菜？　まるでレストランみたい！」と感動につながります。それだけで驚かれるほど、ありがたいことにバーベキュー料理のハードルは低く設定されているんです。後で詳しく触れますが、「炭火を使わない料理」として前菜を出していることもポイントです。バーベキュー＝炭火料理という固定観念を崩すところにも驚きが生まれているのです。

さらに、バーベキューでは**料理の腕前はまったく重要ではありません**。実際、ぼくも料理がめちゃめちゃできるかといえば、そうではありません。しかし、何度も繰り返しますが、バーベキューのハードルは低いんです。料理の腕ではなく、手法で勝負です。

分厚いお肉を豪快に焼いてみる、肉を家で漬け込んでくる、自家製のソースを仕込んでくる、野菜を丸ごと焼いてみる、塩コショウをミルでひいてみる……いつものバーベキューにちょっとした変化をプラスするだけで、普段とは一味違うバーベキューに様変わりし、しかもなんとなく「料理できるやつ」っぽく見えてしまうのです。

そうです、これが**バーベキューマジック**なのです。

野外というのは、屋内キッチンのような繊細な調理はそもそもできない環境です。

炭火の火力は安定していないので、お肉が焦げることもあります。調味料も風が吹けば飛んでいくので、正確な計量なんてできません。

なので、料理が下手で味付けに失敗したとしても、火加減がわからずお肉を焦がしてしまったとしても、まったく問題ありません。充分すぎるほどの言い訳材料がその場には揃っているからです。

「こんなバーベキュー、いままでやったことない」「バーベキューでこんな料理、初めて！」……そんな驚きを演出することは、意外や意外、実は簡単なのです。

ハードルの低さを知れば、あとはひょいとまたぐだけです。第二章以降に、そのまたぎ方を詳しくお教えします。

BBQ 下ごしらえはしなくていい

雰囲気を演出することのほかに、バーベキューを楽しむためにもうひとつ心得ておきたいことがあります。それは、**全員参加を意識すること**。

何でも自分でやろうとせず、みんなに仕事をしてもらうということが大事です。

グッズを組み立てる、火を起こす、野菜を切る、肉を焼く、炭を足す……と、やることが山のようにあるのがバーベキュー。ひとりで全部背負いきろうとは思わずに、役割を分担して、それぞれが自分の持ち場で力を発揮できるように気を配りましょう。

バーベキューに来たからには、誰もが「参加したい気持ち」を持っているものです。この気持ちをうまく生かすことができれば、もうこちらのものです。そのためには、参加者にどんどん仕事を振ってください。

野菜のカットや火床の管理も、ぜひ参加者にやってもらいましょう。

バーベキュー初心者で、何をしたらよいかわからずにオドオドしているような人も、やり方を教えてあげて何かを任せると、熱中していい仕事をしてくれることがほとんどです。

ここぞとばかりに、女子力を見せてくれる女の子もいます。

しかし、ここで注意してほしいのは、「ぼくだったらこうするのに」と思っても、決して自分のやり方をごり押ししないこと。仕事を任せた以上、その人の思う通りにやってもらいましょう。ときには、野菜を細かく切りすぎてしまったり、炎が上がるぐらいお肉を網に並べすぎたりといったハプニングもあります。でも、それもまた、ひとつの話題になって盛り上がりますよね。

「バーベキューは全員に役割がある」。これを覚えておいてください。

さらに言うと、全員参加は買い出しからもうすでに始まっています。**「バーベキューは、買い出しも含めておもしろい」**というのがぼくの持論。遠足がおやつの買い出しから始まっているかのように、バーベキューも食材の買い出しから始まっています。みんなでワイワイ言いながら、買い出しをするのは楽しいですよね。しかも、何を買うか、どんな食材に興味を持つかで、その人の趣味や人柄が見えてくることもありますよ。いろいろな人の一面が見られるのも、買い出しのおもしろさ。

また、最近言われているバーベキュー術として、「下ごしらえは家でしていこう」というものがあります。事前に買い出しに行き、野菜をあらかじめ家でカットしてジップロックに入れて、準備を万端に整えておくやり方。ゴミも減るし、現地でいろいろと作業をする手間も省けますから。

しかし、ぼくはあえてこう言いたいです。**「下ごしらえはしなくていい」**。

家族だけでするときや、「今日は自分がおもてなしをするんだ」というときはぜひ下ごしらえをやってほしいのですが、全員参加の、みんなでワイワイ楽しむバーベキューなら、一人で下ごしらえをするのはちょっともったいないです。買い出しをしたり、現地で野菜を切ったりする、その過程もみんなで楽しんでいただきたいんです。**「10回の飲み会より、1回のバーベキュー」**という言葉があるように（すみません、たけだの造語です）、バーベキューは人と人とがコミュニケーションをはかれる場面が圧倒的に多いのです。ワイワイ言いながら一緒に作業をしていくうちに、交流も深まり、参加者の人柄もわかってきますよね。

飲み会とは一味違う、楽しく濃密なコミュニケーションができるのがバーベキューなのですから。

そしてもうひとつ、全員参加を実践するうえで忘れてはいけないのが、気づかいです。

気づかいは人付き合いをしていくうえで最も大事な要素です。気づかいができる人というのは、相手に好印象を与え、魅力的に映るものです。バーベキューでは特に、この「気づかい力」が試される場面がかなり多いのです。

飲み物、食べ物は行きわたっているか、タレはあるか、手持ち無沙汰にしている人はいないか、など、気を配るポイントはたくさんあります。実は、ここはチャンスでもあります。この瞬間にさりげなく相手に気をつかうことができれば、あなたの株は間違いなく上がることでしょう。

さらに、虫よけスプレーや日焼け止めを持ってきたり、何気ない瞬間をスマホで撮ってあげたりするのも気づかいのひとつ。

あるバーベキューでぼくの友人が、家からサンダルやスニーカーを山ほど持ってきて、それを女子に配っていました。女子のなかには、アウトドアの知識があまりなく、ヒールで来てしまう人がいたりします。それを見越して、履きやすい靴を持ってきたのです。その友人いわく、「どうしても全員で真剣《ガチ》な鬼ごっこをしたかった」とのことだったのですが、もちろんみんな大喜びでした。これも思わずうなってしまうようなハイレベルな「気づかい力」です。

自分だけが楽しい勝手なバーベキューではなく、周りにも気をつかいながら全員で楽しむ。そんなバーベキューを目指しましょう。

常に「いいね！」を意識する

バーベキューは日常的に行われることではありません。一般的には年に数回だと思います。そういう特別な日は、誰でもスマホで写真を撮りたいと思うもの。そして今はSNS社会のど真ん中。バーベキューをしたのに写真をSNSにアップしない人なんて、ほぼいないのではないかというくらいです。

そこで重要になってくるのが、写真映えするかどうか。つまり、**フォトジェニックであるかどうか**です。薄いお肉を汚いグリルで焼いていては、誰にも自慢できません。いかに魅力的に盛り付けて、雰囲気を醸し出せるかが重要になってきます。

そう、ここでも雰囲気の演出が大事なポイントになります。意識するのは「バーベキューなのにカフェみたい！」、つまり〝**カフェ感**〟です。バーベキューでいかにこのカフェ感を出せるかがポイントです。演出家になったつもりで、いつもとは一味違う盛り付けにしてみましょう。

まず、食材はすぐに切らずに、木のまな板や木の器にのせてみる。カフェではやたらと食材を木の器に盛り付けたがりますよね？　でもそれが絵になるんです。洗った後の水がしたたる野菜を彩りよく器に盛り付けると、野外ではただそれだけでフォトジェニックになります。お肉も生の状態で、木のまな板にかたまりでドーンとのせて、上にローズマリーを飾ってみる。これもかなり写真映えします。

そして、バーベキューの主役である、おいしそうに焼けたお肉ももちろん撮らせてあげましょう。このときも盛り付けが肝心です。シャキシャキの水菜や、鮮やかなプチトマトをお肉の傍らに置いてみたり、粒マスタードを並べたり。ピンクペッパーを散らせば、安いお肉でもびっくりするほどおいしそうに見えます。

かたまり肉を焼いた場合、ナイフで切って断面を見せてあげるのも忘れてはいけません。バーベキューにおける豪快なお肉の写真は、SNSでかなりの「いいね！」をたたき出すので、とても喜ばれます。まさにフォトジェニック、いや〝フォトジェ肉〟なのです。

見栄えがよければ、不思議と味もおいしく感じます。これも、バーベキューマジックと言えるでしょう。

バーベキュー奉行はいらない

冬になったら現れる〝鍋奉行〟。ぼくは鍋に関しては、人にお任せするのは大歓迎なので特に気にしませんが、「自分のタイミングで食べたい」という人にとってはちょっと厄介な存在ですよね。

バーベキューのときも同じで、ときどき〝バーベキュー奉行〟が現れます。「その肉にはまだ触らないで」「野菜はまだ焼くな」「そのやり方は違う」と、やたら仕切りたがる人もいるでしょう。

しかし、これが一番バーベキューをしらけさせます。

これまで述べてきたとおり、バーベキューは全員参加が大切。ああしろこうしろの奉行スタイルではなく、思いつきで「これにマヨネーズを塗ってみたら、おいしくなるかも？」「この肉とこの野菜、ホイルで包んで焼いてみる？」と、みんなから**自発的にアイデアが湧いてきたら、どんどん採用しましょう。**

そんなときに、「あれはダメ、これはダメ」と指図するのは、最も嫌われる行為。

自分なりのバーベキュー観を持つのはよいですが、それを人に押し付けてはいけません。みんなのチャレンジ精神を大切にして、自由に楽しんでもらうのが一番。明らかに間違っていたり、危険だったりするときだけ教えてあげるようにしましょう。

以前、ぼくが「ビア缶チキン」という、丸鶏をグリルのフタを閉めて1時間ほどゆっくりと時間をかけて焼くという料理をしていたときです。グリルの中の温度が重要なので、基本的には1時間ずっとフタは閉めっぱなしです。しかし、やはり鶏の状態が気になるのか、30分もしないうちにフタを開けてしまう人がいたんです。その人は、ぼくの顔をチラッと見て、「やべ、怒られるかも」という表情をしました。

バーベキュー奉行なら「開けるなよ！　せっかくの熱が逃げてしまうだろう！」と、炭どころか自分の怒りにも火がついてしまうところですが、ぼくはこう言いました。

「ナイスバーベ！」（※バーベキューにおける「エクセレント！」的な意味）

フタを開けてしまうということは、その人の好奇心がマックスに高まっている証拠。自分の料理が人をわくわくさせている証なのです。好奇心が湧き起こる、それがまさしく、バーベキューを楽しんでいるということなのです。

大切なのはその場の〝ノリ〟

バーベキューで料理をするにあたって、「レシピ通りに完璧に作らなくてはいけない」なんてことはまったくありません。

ぼくも実際、味付けは目分量です。その場その場の〝ノリ〟を重視し、「これ、入れてみる？」といった意見やアイデアはすぐに採用。その結果、ぼくも気づかなかった意外なレシピが生まれることもあります。これもバーベキューのいいところです。

バーベキューをよくやる人の中には、焼きそばにビールを入れて炒める人がいます（おいしいかおいしくないかは個人差があります）。これもまさに「ノリからできたレシピ」といえるでしょう。おそらく、はじめはその場の酔っぱらいのノリで「水の代わりにビールを入れちゃえ」とやってみたところ、「意外にこの苦みがうまいぞ」ということになり、全国的に広まったのだと思います。

ぼくのバーベキューで、ノリから生まれた新メニューに「**アクアパッツァ焼きそば**」

があります。あるとき、ダッチオーブンでアクアパッツァを作ったのですが、参加していた女の子（料理の超初心者）が、「これ入れちゃおう」と、焼きそば用にとっておいた麺を、アクアパッツァの残り汁が入ったダッチオーブンの中に投入したのです。内心、「何してくれるんやー！」と思ったのですが、食べてみると、焼きそばならではの食感に魚介の旨味が絡まり、絶妙の味わい。ビックリするほどおいしかったのです。パスタのように一度ゆでる必要もないので、手間もかかりません。その後のバーベキューでは、たけだの定番のレシピになりました。

パエリアを作ったときに、「残ったおこげにアンチョビをのせてお湯をかけたら、茶漬けになるんじゃゃね？」という意見を採用し、**「アンチョビ茶漬け」**を作ったこともありました。魚介類の旨味がギュッと濃縮され、おこげの食感もよく、こちらも大好評。

また、買い出しでも同じです。メンバーの誰かが「これ買ってみようよ」と、焼いたことのない食材を持ってきたとしても、無下に否定しないこと。そこでもノリを大事にしてみることが重要です。そうすると、新たな自分のバーベキュー観を広げてくれることにもつながります。

実際のところ、ぼく自身も、事前にメニューをしっかり考えてきたのに、予定にない食材を友人に買われてしまったことがあります。

大阪の黒門市場で買い出しをしたときですが、「これ焼こうー！」と、「マグロの目玉」を買われたことがありました。どう調理したらいいか、さすがに困りましたが、醤油と酒でホイル焼きにしてみたら、ゼラチンたっぷりでこれがなかなかイケたんです。ホイルを開けた瞬間も、あまりにも「目」そのものなので、みんな爆笑。

その場のノリで意外な発見が生まれることも多々あれば、ときには失敗して「うわ、まずーっ！」となることもあると思いますが、それもまた、バーベキューの面白さなのです。

バーベキューに失敗はない

ここまで読んで、薄々気づいた方もいると思います。

味付けは目分量、切る大きさを間違えても大丈夫、焦がしてもよし、ノリを重視、アドリブは大歓迎などなど、屋内料理でやってしまうと大ヒンシュクを買いそうな出来事も、なんとバーベキューではオッケーとされます。

つまり言い換えると、**バーベキューに失敗はない**のです。

10年近く前ですが、河原でバーベキューをしたときに、バーベキューの必需品であるバーベキューグリルと、そして木炭を車に積み忘れてしまったことがありました。

はい、もう最悪です。

そこで、みんなの知恵を振り絞り、とりあえず台は河原の石で組み立て、そして炭は流木を拾って燃やすことに。「網はどうする?」となったときに、たまたま捨てられていた扇風機の前面の網をはずし、それを焼き網にしてなんとかバーベキューにこぎ着けました。乾いた流木なので火力が強く、お肉は焦げ焦げ、網も不衛生なこと極まりないです。

ですが、そのバーベキューはかつてないほどに盛り上がり、10年たった今でも鮮明に覚えています。

失敗なく無難に終わったバーベキューより、失敗ばかりのバーベキューのほうが思い出に残るものです。一度、みんなで買った高級なステーキ肉を、ぼくが焼いているのを忘れて放置してしまい、丸焦げにしてしまったことがあるのですが、数年たった今でも、そのときのメンバーと会うと毎回そのことをやいやい言われてゲラゲラ笑っています。

野外での調理なので、持っていく荷物もかなり多いですし、忘れ物がない方がめずらしいくらい。何もかもが完璧なバーベキューというものはまずありません。バーベキューにトラブルはつきものなので、そこをアイデアと工夫でなんとか乗り切るのも面白さのひとつとしてとらえれば、失敗も楽しさに変えられてしまうのです。

バーベキューでは**失敗こそが知恵を生み、かけがえのない思い出のひとつとなるのです。**

魔法の言葉「それもバーベキュー」

さて、ここでもうひとつ、バーベキューのときに使える超絶キラーフレーズをご紹介したいと思います。

「バーベキューに失敗はない」とはいえ、お肉を地面に落としてしまったり、野菜を焦がしてしまったりと何かとハプニングは起こるもの。

そしてその都度「ちょっとー、何やってんだよー」と周りからブーイングの声が上がります。

そんなときに使える、ぜひとも覚えておいていただきたいとっておきの一言があります。それが、**「それもバーベキュー」**。

どうです？　言ったことのある方も中には多いはず。

これはとても素敵な言葉で、口に出した瞬間に何もかもがＯＫになってしまいます。

先ほども述べた通り、バーベキューは自然の中で不便さを楽しむもの。なので、野菜を焦がしてしまったとしても、「それも含めてバーベキューの醍醐味なんだ」、つまり、「それもバーベキュー」という言葉で片付けられるのです。

友人に火の粉が飛んで少しやけどしたときも、「それもバーベキュー」というと、なぜか妙に納得していました。火起こしにもたついたときも、「それもバーベキュー」。風で紙皿が飛んでタレで服が汚れた、「それもバーベキュー」。ソーセージを落っことして3秒ルールを適用させた、「それもバーベキュー」。長年付き合った彼女に昨日振られた、「それもバー…、いや、それは知らん知らん！」

バーベキューでささいな失敗をしたときは、ぜひあなたも言ってみてください。「それもバーベキュー」と。

バーベキューはフリースタイル

以前、ある人にこんなことを言われました。

「たけださんのプライベートバーベキューは、さぞオシャレで豪華なんだろうなぁ」

ぼくは職業柄、本場アメリカのフタ付きグリルなどを使って、豪快でド派手な料理をよく披露しています。そんな姿を見ているせいで、プライベートでも豪華な料理をしていると思われたのでしょう。

しかし、プライベートではそうでもないんです。

ぼくがバーベキューを始めたのは10代後半でした。暇はあるけどお金はない、そんな状況の中、親しい仲間と「いかに安上がりにお腹も満たせて一日ワイワイ過ごせるか」を追求した結果、行きついたのがバーベキューでした。

ですから、整った環境で派手な料理を振る舞うバーベキューよりも、仲間うちであーだこーだ言いながら楽しむバーベキューこそがぼくの原点です。バーベキューが仕事になった現在も、プライベートでは気の置けない仲間たちと、昔と同じようにグリルを囲んで盛り上がっています。

また、「世田谷七輪会」という会を結成するほど、実は七輪好きでもあります。「ちょっと集まって焼く？」「普通に飲み会をするぐらいなら軽く焼こうよ」といったノリで、ライトなバーベキューを楽しんでいます。

さらに、網と炭だけを持って河原にバーベキューに行くこともあります。河原の石で炉を組み、その上に網を置いて焼くのですが、この原始的な感じがなんとも楽しいんです。

何を言いたいのかというと、つまり**バーベキューは自由**だということ。バーベキューには、特別な資格もいらなければ、「こうしなければいけない」というルールもありません。

グリルを真ん中にして人が輪を作り、みんなが顔を突き合わせながらお肉を焼けば、おのずと、「熱いっ」「それ、俺の肉だよ」などと会話に花が咲いていきます。**そこにコミュニケーションがあれば、実はやり方なんて関係ない**のです。

型にとらわれないこと。これが大事です。

誰でも自分のスタイルで、好きなように楽しめる——それがバーベキューの面白さ。

「バーベキューはフリースタイル」。自由に、そして好きなようにバーベキューを楽しんでください。


以上が、〝バーベの心得Qカ条〟です。別段、難しいことは何もないと思います。ただ、ひとつ共通して言えるのは、「バーベキューをもっと楽しもうぜ」ということ。

どうすればもっと楽しめるのか、はたまたどうすれば楽しませることができるのか。

第二章からは、さらに一歩踏み込んで、そのあたりを詳しく解説したいと思います。

BBQ

第二章

火起こしのあれこれ

火起こしは、バーベキューの最初にして最大の関門です。
やり方を間違えると、始めてから1時間経っても
まだ火がつかない……なんてことがザラにあります。
そんなことでは、みんなのテンションも
ガタ落ちになってしまうでしょう。

しかし、やり方さえわかっていれば、
火起こしは決して難しくありません。
それどころか、うまくやればあなたの株も急上昇し、
その日のバーベキューがナイスバーベになること、
ほぼ間違いなしです。

この章では、バーベキューのメインイベントともいえる、
火起こしのテクニックについて詳しく解説していきます。

お店でよく見る3つの炭

火起こしでまず重要なのは、炭のチョイスです。一口に炭といっても、その種類はさまざま。どの炭を選ぶかで、火起こしの難易度は大きく変わってきます。

売り場には大きく分けて3種類の炭があるので、それらを説明していきます。

まず1つ目は、「マングローブ木炭」。ホームセンターなどで積み上げられていて一番よく目にする安価な炭です。マングローブを原料にした外国産の炭で、火がつきやすく、扱いが簡単。しかしその一方で、形が不揃いであったり、燃え尽きるのが早いため大量の炭が必要になるという欠点もあります。

ちなみに外国産の木炭の場合、炭の量は一般的に、ひとりに対して1キログラムが目安とされています。たとえば参加人数が10人なら、必要な炭はおよそ10キログラムと見積もればいいでしょう。

2つ目は、「国産の木炭」。ぼくがよく使うのは、岩手県のナラの木を材料にした

「切炭《きりずみ》」。ホールのケーキを10等分したようなきれいな形をしていて、火起こしのときに積み上げるのも簡単。値段は、外国産の木炭より割高ではありますが、そのぶん長持ちするので炭の総量は少なくてすみます。ですので、実はコスト的には外国産とそれほど変わりません。火力も安定していて香りもいいので、これはぜひおすすめしたい炭です。

3つ目は、「オガ炭《たん》」。オガクズを固めて成型した炭で、ぼくが一番よく使う炭です。形が特徴的で、きれいな四角形、または六角形をしています。通常の木炭よりも火がつきにくいという難点はあるものの、火持ちはとてもよく、切炭以上です。形が均一なため、高く積み上げるのにも向いています（炭の積み方については、このあと56〜59ページで解説します）。しかも価格がリーズナブル。まさにバーベキューにうってつけの炭です。先ほども述べたように、火起こしが多少難しい炭ではあるので、木炭と組み合わせて着火したり、後述するチャコールスターターを利用するのがおすすめです。「成型備長炭」や「オガ備長炭」と表記されて売られていることが多いのですが、厳密にいうと備長炭ではありません。

成型炭には、オガ炭のほかに、ヤシ殻を利用した着火が安易な「ヤシガラ炭」、豆炭によく似た形で欧米のバーベキューでよく使われている「チャコールブリケット」などがあります。いずれも着火の際に匂いが出ますが、火起こしは比較的簡単です。お店での取り扱いは少ないですが、今後はもっと増えてくるかと思います。

マングローブ木炭

切炭

オガ炭

BBQ バーベキューの天敵、備長炭

さて、ここまでに紹介してきた炭のほかに、実はバーベキューで絶対に買ってはいけない炭があります。おわかりになりますか？　**買ってはいけない炭、それは備長炭です。**備長炭を選んでしまったら、その日のバーベキューは失敗することが決まったといっても過言ではありません。

先ほど出てきた「成型備長炭」や「オガ備長炭」とは違った、樫の木を焼いて作った、いわゆる本物の「備長炭」のことです。

備長炭は焼き鳥店などで使われていることから、「おいしく焼ける炭」というイメージを持っている方も多いと思います。確かに備長炭は、匂いもなく一度火がつくと長持ちし、火力も安定していて、なおかつ火力の調整もできるというかなり優れた側面を持ち、焼き鳥屋さんでは重宝されています。しかしその一方で、備長炭は**とにかく火がつきにくい**という欠点もあるんです。

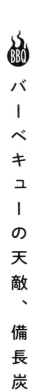

備長炭どうしをぶつけると、まるで金属をぶつけたように「キン！」という硬い音が響きます。それほどガチガチに硬化している炭です。つまり、備長炭に火をつけるのは、金属に火をつけるようなもの。なので備長炭を初心者の方が買ってしまうと、火起こしに悪戦苦闘し、火がついたころには陽が傾きかけているなんて事態にもなりかねません。

また、安物の備長炭は、炭が激しくはぜる「**爆跳**《ばくちょう》」という現象を起こすことがあり、危険でもあります。備長炭は、初心者にとってはバーベキュー向きの炭ではないことを覚えておきましょう。

先ほど紹介した「オガ備長炭」や「成型備長炭」などの成型炭は、「備長炭」と名前についているのですが、厳密にいうと備長炭とはまったく別物です。燃え方が備長炭と似ているので、名前に備長炭と入っているそうです。

オガ炭は、一般の木炭と比べると火はつきにくいですが、本物の備長炭と比べれば火起こしはかなり楽。しかも爆跳は起こらないので、安心して使えます。パッケージの情報をよく読み、オガ炭と備長炭を取り違えないようにしてください。

火起こしに美学はいらない

火起こしはバーベキューの醍醐味のひとつ。自分なりの「火起こしの美学」を持っている人も多くいます。バーナーで火起こしをする人もいれば、炭の組み上げ方にこだわる人、「うちわは使わない」という人や、「着火剤は使わねーよ」という人も……。

どんなやり方であっても、早く火がつけばいいのですが、自分流にこだわりすぎて火起こしに時間がかかっているようでは本末転倒。炭の温度も上がらなければ、みんなの温度も下がっていきます。

火起こしで**一番大事なのは、スムーズさ**だとぼくは考えます。

バーベキューの世界では、「着火剤を使わずに火を起こすことがカッコいい」という風潮が一部にあります。「新聞紙だけで火はつけられる」と豪語する人もいますが、やってみるとこれがなかなか難しい。ついたらついたで、その燃え尽きた新聞紙はボロボロの灰になるので、それが風に吹かれて舞い上がり、お肉は灰だらけ、隣のブースにまで灰が飛んでいき嫌な顔をされるなど、あまりおすすめできるやり方ではありません。

むしろ、変なプライドは捨てて、着火剤をもりもり使って手早く火を起こし、スピーディにお肉が焼ける状態に持っていく。この方がよほどカッコいいです。

参加者はみな「早く肉を食べたい」と思っていますから、その期待にしっかりこたえてあげましょう。

着火剤はどのタイプを選ぶ？

「着火剤をもりもり使って火起こししちゃえばいい」と述べましたが、一口に着火剤といってもさまざまな種類があります。どれを使ったらいいのか迷ってしまう方もいると思いますので、少し解説しておきます。

ホームセンターで手に入るものでいうと、ざっくり2種類です。

まず1つ目は、**「固形の着火剤」**。紙くずを溶かして固めたものや、木くずを固めたブロックに油脂やパラフィンを染み込ませたものなどがあります。「文化たきつけ」などは代表的で、火を近づけるとかなりの勢いで燃えます。ただし、匂いと煙があるので、食材を焼くのはそれらが落ち着いてからにしてください。また、油脂を染み込ませてあるものは、一度開封すると成分が気化してしまうものもあるので、早めに使い切りましょう。

2つ目は、**「ジェル状の着火剤」**。チューブに入っているものと、袋入りのタイプがあります。袋入りのタイプは、固形燃料と同じ要領で袋にそのままライターで火をつけます。

チューブ入りのタイプは、着火点を自由に決められ、炭に直接燃料を絞り出すことができるので、火がつけやすいというメリットがあります。ただし、チューブタイプの着火剤を、火がついた炭に**後から継ぎ足すのは絶対に厳禁**です。チューブから出た着火剤に炎が燃え移り逆流するからです。着火剤で大やけどをした、なんて事故も過去に報告されていますので、チューブタイプの取り扱いには充分注意してください。

初心者の方には、やけどをする危険が少ない「固形の着火剤」、または「袋に入ったジェル状の着火剤」がおすすめです。

火起こしについやす時間は50秒

お待たせしました。ここでようやく火起こしの方法について解説したいと思います。火起こしでなかなか火がつかず、1時間以上悪戦苦闘した思い出がある方もいるのではないでしょうか。実は、**火起こしは1分以内で勝負が決まります**。詳しく説明しましょう。

使う道具は、炭、着火剤、炭用トング、軍手、ノズルの長いライターです。

火起こしの最大のポイントは、ずばり、着火剤を置く順番と、炭の並べ方。これさえ間違わなければ、まず失敗することはなくなるでしょう。

まず、「**着火剤は、炭の下に置く**」。

火起こしを失敗するパターンとしてよくあるのが、炭をガサッとまんべんなく火床に出し、その上に着火剤を置き、火をつける。こうやっている方、実は多いのではないでしょうか？　このやり方では、いくらうちわであおいでも火は起こりません。

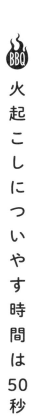

そもそも炎というものは、ご存じの通り、下から上へと燃え上がる性質があります。また、その熱によって上昇気流を生み出し、下から酸素を取り入れ上へ上へと燃え上がります。ですので、炭より上に着火剤を置いて炎を出したとしても、実は下の炭には何の影響もないわけです。必死でうちわをあおぐあなたを横目に、きっと炭は涼しい顔をしていたはずです。なので、まず先に、火床に着火剤を置いてください。

着火剤を置いたら、次に炭の並べ方がポイントとなってきます。

やみくもに火床に炭を並べてはいけません。**「炭は高く積み上げる」**。これを覚えておいてください。

先ほども述べたように、炎は、上へ上へと燃え上がり、その熱で上昇気流を生み出します。なので、それをうまく利用します。着火剤を置き、その上に炭をなるべく高くなるように積み上げていくのです。

そして、空気がうまく循環するように、適度にすき間を作ってあげると、あとはノズルの長いライターで着火剤に火をつけるだけ。

こうすれば自然に上昇気流が起こり、下から徐々に炭に火が入っていきます。勝手に炎が酸素を取り込んでくれるので、うちわであおぐ必要もありません。ここまでの

作業時間、約50秒です。あとは上の方の炭に火がつくまで放っておくだけです。

このとき、炭にはできるだけ触らないように注意しましょう。むやみに炭に触ると、せっかく上がった温度が下がってしまうからです。

もう少し細かなポイントを説明すると、火起こしには、あまり大きな炭は適していないので、大きすぎる炭はハンマーや石などで**適度な大きさに割ってから**使用してください。

また、トングで炭を並べるより、軍手を使って手で並べた方がきれいに高く積み上げられますので、真っ黒になってもいい〝捨て軍手〟を1組用意しておきましょう。

着火剤を置く順番と、炭の並べ方さえしっかり守れば、まず失敗することはありません。不安な方は**着火剤の量を増やせば大丈夫**です。

そして、うまく火がついた後も、おいしく焼くには注意点があります。

火がついたばかりの炭は炎を上げて勢いよく燃えますが、これは焼くにはまだ適していない状態。火力が強すぎるので、お肉を置いても野菜を置いてもすぐに焦げてしまいます。焼きたい気持ちを少し我慢して、炎が落ち着くのを待ちます。すると、炭の色が白くなり温度が落ち着いてきます。これが「**熾火**《おきび》」と呼ばれる、焼くのに適した状態です。あとは随時、炭が燃え尽きる前に、新しい小さめの炭を少しずつ足していけばよいわけです。

火起こしの原理と流れさえつかんでおけば、誰でも失敗なく炭に火をおこすことができます。

おさらいしましょう。

着火剤を一番下に置く（不安な方は多めに）、その上に炭を高く積み上げる、炭の間からライターで火をつける、あとは炭に火がついて炎が落ち着くのを待つ、以上！ここから、あなたのナイスバーベが始まります。

一家に一台、チャコールスターター

火起こしの方法を覚えたので、みなさん早く火起こしをしたくてうずうずしていることだと思います。ですがここで、あなたの火起こし心にさらに火をつける、とびっきりの道具をご紹介します。それが、「**チャコールスターター**」（以下、チャコスタ。11ページに写真）というアイテムです。チャコールとは炭という意味。日本語でいうと「火起こし機」です。

これは別名「チムニースターター」（チムニーは煙突の意味）とも呼ばれ、見た目はまさに煙突のような筒型をしています。

この筒型のステンレスに、持ち手が付いただけのものなのですが、そこに着火剤と炭を入れて火をつけると、いとも簡単に火起こしができてしまうのです。

これは、煙突と同じ原理を利用していて、筒の中で炎が上昇気流を起こし、放っておくだけで勝手に酸素を下から吸い上げ火起こしをしてくれるという、炎の性質をうまく利用した超便利アイテムなのです。

使い方を詳しく説明します。バーベキューグリルの火床や、焚き火台などにチャコスタを置きます。そしてチャコスタの中間に網があるのですが、そこに着火剤を1つ入れ、その上に炭を入れていきます。

形状が筒状なので、炭を適当にどんどん入れると、勝手に高く積み上げられます。あとは着火剤に点火するだけで、炎の上昇気流を効率よく生み、かなりの勢いで勝手に火起こしをしてくれます。そのまま放置しておくと、10~15分ほどで熾火の状態になります。

超簡単でしょう?

おすすめは、焼き台とは別に、チャコスタ置き場を作っておくこと。そこにどんどんと炭を足していくだけで、勝手に火起こしをしてくれます。

熾火になった炭をチャコスタからグリルに移すと、常に強い火力が保て、火起こし待ちの時間が無くなります。

特に、先ほど紹介したオガ炭を使う場合は、チャコスタでの火起こしが必須になります。オガ炭は通常の木炭よりも火がつきにくいので、初心者には火起こしのハードルが若干高いのですが、チャコスタとの組み合わせでほとんど失敗はなくなります。

オガ炭に着火をする際、絶対に失敗しない方法があります。それは、チャコスタに着火剤を入れ、その上に**少量の木炭を入れる**ことです。そしてさらにその上にオガ炭を入れてから着火していきます。

着火剤から火のつきやすい木炭に着火し、その火力でオガ炭に火をつけるという流れです。

もちろん、通常の木炭を使う場合でも、チャコスタは大活躍です。今は各社から、持ち運びしやすい折りたたみ式のチャコスタも市販されています。これだと邪魔にならないので、一家に一台あってもいいのではないでしょうか。

焼きの決め手は炭のレイアウト

炭に火が起こり、「さぁ焼くぞ！」となったとき、みなさん、炭はどのように並べていますか？

「グリル全体にまんべんなく広げて、火力を隅々にまで行き渡らせる」こうじゃないでしょうか？　これではナイスバーベはできません。

では、なぜダメか。みなさん、お肉を焼いたときのことを思い起こしてみてください。「肉、焼けてきたよー！　焦げちゃうから早く取ってー！　だから早く取ってよ！　肉、焦げちゃうって！」。こう言いながら、グリルの端っこのステンレスの部分に逃げ場を失ったお肉を並べた記憶はありませんか？

そんな隅っこに追いやられた焦げかけのお肉は食欲をそそりませんし、不衛生な気もします。

こうなる原因はひとつ、お肉の避難場所、つまり保温ゾーンがなかったことです。

そこで炭のレイアウトが重要になってきます。炭の並べ方に工夫を加えて、**食材の保温ゾーン**を作ってあげるのです。

やり方は簡単です。グリルの真ん中から左半分のみに炭を置き、右半分には何も置かないこと。これだけです。バーベキュー用語では、この炭の置き方を**ツーゾーン・ファイア**と呼びます。

炭が集中している左半分が**強火ゾーン**。そしてもう一方が、**保温ゾーン**になります。

保温ゾーンは、炭がないとはいえ、反対側からの炭の熱によってそれなりの温度にはなっています。

このようにゾーン分けすることによって、強火のゾーンで調理、弱火のゾーンで保存といった使い分けが1つのグリルでできてしまうのです。

ツーゾーン・ファイア

さらに、焦げやすい野菜は保温ゾーンで焼くなど、食材によって火力を調整することもできます。これなら、あの焦げやすい野菜の代名詞、カボチャを真っ黒にすることもありません。

ここでもうひとつ、強火ゾーンの「強火」とは、一体どれぐらいの火力かが気になる方もいると思います。そこで、**簡単な炭の温度のはかり方**をお教えします。アメリカ人が考案した、**「ミシシッピテスト」**という方法です。

これは、火が起きた炭の上15センチほどの場所に手のひらをかざし、「1ミシシッピ、2ミシシッピ、3ミシシッピ……」とカウントしていきます。そして、カウント3ミシシッピぐらいで「熱っ！」と手を放してしまうほどに熱くなっていれば、それは「強火」です。我慢しすぎるとやけどしてしまうので、注意してくださいね。

炭のレイアウトには、このほかにも、強火・中火・弱火に分けるスリーゾーン・ファイアなど、さまざまな方法があります。しかし、これは大型のグリルを持つ上級者向けの技術。まずはツーゾーン・ファイアだけを覚えておけば充分です。ぜひ次のバーベキューではレイアウトに一工夫してみてください。

火起こしの主役は女子と上司

火起こしは、やり方さえ知っていれば難しくない。ならば、その知識を教えて「火起こしの経験がない人にやってもらおう」というのがぼくの考え方です。というわけで、ぼくのバーベキューでは、よく女子に火起こしをしてもらいます。その名も、**「着火の儀〜女子編〜」**。これがかなり盛り上がります。

少し前なら、「火起こしこそ男の腕の見せ所！」というイメージがありましたが、今はよく燃える着火剤もあれば、ガスバーナー、チャコールスターターもありますので、誰でもそう失敗せずに火起こしができてしまいます。

とはいえ、火起こしが得意な女子はかなりの少数派で、やったことがない人がほとんど。

そこで、「火起こし、やってみる？」とお願いすると、最初は戸惑いますが、やり方を教えてあげて、いざやり始めると、みんな喜々として取り組んでくれます。子供にさせてあげることも多いです。

さすがに、スムーズとは言い難いですが、みんなでワイワイ言いながら火起こしをすれば盛り上がりますし、ほかでは味わうことのできない、いい思い出にもなります。

また、職場の上司が参加するバーベキューでは、ぜひ上司に火起こしをやってもらいましょう。

それが、**「着火の儀～上司編～」**です。

バーベキューにおける火起こしは、飲み会でいうところの「乾杯」に似た役割があります。何しろ、火が起きなければバーベキューは始まりません。ある意味、バーベキューで最大の儀式といえます。そこで、あえてその場で一番えらい上司にやってもらうのです。

このときは、着火ライターは使いません。あえてファイアースターターと呼ばれる火打石を渡します。マグネシウムの棒を、小さな鉄のへらで勢いよくこすって火花を出す、サバイバルアイテムのひとつです。これと、比較的燃えやすいティッシュペーパーを渡し、原始的な方法で火起こしをしてもらいます。「こんなので燃えるの？」と言いながら、必死に頑張ってくれます。

火種はティッシュペーパーなので、火花さえ出れば、実は誰でも簡単に火をつけることができます。あとは、その炎を着火剤に移しさえすれば着火の儀は成功です。着火剤に火がついただけなのに、なぜかその場は大盛り上がり。ふと見ると、上司も誇らしげな顔をしています。

また、自分で火をつけると、その後も火の状態が気になるものです。特に男は火が大好きですから、なかには、ずっとつきっきりで炭火の面倒を見てくれる上司もいます。

普段火起こしからかけ離れた人が火起こしをする、この「着火の儀」によって、お肉を焼くまでに盛り上がりの山場が訪れます。ぜひ火起こしは、女子と上司にやらせてあげてみてください。

使い終わった炭を安全に処理する

使い終わった炭の処理、これってどうしたらいいのかよくわからない、という声をよく聞きます。

バーベキュー場に炭捨て場があれば、そこに持っていくだけなので楽ですが、ない場合も多いですよね。

そうなると、完全に火を消したうえで、家に持ち帰って捨てる必要があります。

正しい消火の方法は、バケツなどの深い器にたっぷり水を張って、炭をひとつひとつトングでつまみ、水の中に入れていくやり方です。このやり方であれば安全で確実です。

ただ、水に漬けても炭の温度はすぐに下がるわけではありません。途中で1〜2回、熱くなった水を取り替えながら、15分程度は水にひたしておいてください。

片付けの最初にこの作業を行い、しばらくほかのことをやりながら放置するのがよいでしょう。完全に炭が冷えたら、水を切ってゴミ袋に入れ、持ち帰って生ゴミとして処理しましょう。

逆に、炭の処理で**絶対やってはいけない**やり方があります。

それは、火のついた炭にバケツやペットボトルなどで一気に水をかけることです。そんなことをすれば、急激に温度の上がった水が水蒸気となって、灰とともに周囲に飛び散り、非常に危険です。

また、炭を土に埋めることも絶対にダメです。「もともと木だし、土に還るでしょ」と思われている方、それは大きな間違いです。炭は元素記号でいうと「C」、つまり無機質な炭素なので、土の微生物によって分解されることは基本的にありません。

頻繁にバーベキューをする方や、荷物に余裕がある方は、ホームセンターなどで販売されている「火消し壺」を使うのもおすすめです。炭を火消し壺に入れてフタをすれば、酸素が供給されなくなり、放っておくだけで自然に消火されます。火消し壺で消した炭は、形がきれいであれば、次回のバーベキューでも再利用することができます。消した炭のことを「消し炭」と言い、火つきがいいので次のバーベキューのときに重宝します。特にオガ炭を使ったときは、火消し壺を使って再利用すれば経済的で、環境にもいいですよね。

さぁ、火起こしについてあれこれ語らせていただきましたが、ひとつ言えることは、火起こしは簡単だということ。

炭選びから着火の方法、そして炭のレイアウトを頭に入れておけば、あなたはもう炭火マスターになったも同然。

次の章からは、グリルマスターになるべく、道具についてあれこれお教えしたいと思います。

第三章

バーベキューの道具について

バーベキューの道具にはさまざまな種類があります。

アウトドア用品店に行くと、
バラエティの豊富さに目移りしてしまうかもしれません。
ここでは、そんな道具について、たけだの観点であれこれ解説します。
道具の選び方、種類、何から買えばいいのかなど。

また、道具による雰囲気演出についても書いていますので、
そちらも必読です。

BBQ 道具を買ってこそバーベキューは楽しい

最近では、バーベキューグリルのレンタルや、火起こしから食材の手配までやってもらえるバーベキュー場も増えてきました。面倒な準備も要らず、手軽にバーベキューの雰囲気を楽しめるので、初心者や忙しい人にとってはありがたいサービスです。

しかし、レンタルではその場の雰囲気は楽しめても、自分でゼロから作る喜び、道具への愛着、道具を選ぶわくわく感までは味わえません。それではちょっともったいないなと思います。

調理器具を揃え、食材を買い、設営をする……。その過程を楽しむのがバーベキュー。だからぼくは、バーベキューの道具も**自分で揃える**ことをおすすめします。身銭を切って買った以上、次のバーベキューもやりたくなるはずですし、道具への愛着も自然と湧いてきます。

「でも、バーベキューの道具って、大きくてスペースをとるんじゃないの？」「モノが増えるのはイヤ！」と思う方もいるでしょう。確かに、なかにはかさばるものもあります。しかし最近では、バーベキューグリルなどもコンパクトな製品が発売されています。収納を念頭に置いて道具を揃えれば、軽自動車の荷台でも充分収まるサイズに抑えることができます。

モノが増えるのがイヤな方は、「日常的に使えるアウトドアアイテムを選ぶ」というのもひとつのやり方です。後で紹介するスキレット（鉄製の厚手のフライパン）などは、アウトドアだけでなく普段の料理でも活躍してくれます。

たとえばぼくは、アウトドアで使うウッド調テーブルを、自分の部屋に置いて日常的に使ったりもしています。

アウトドアアイテムは、使えば使い込むほど味が出てくるものが多いです。ススだらけの飯盒《はんごう》、油で黒く光るダッチオーブン、火の粉で穴の開いたイス……。買ったときはみんなと同じ製品でも、回数を重ね、自分の経験値が増えるとともにアイテムにも大人の風格が出てきます。

そうして、自分だけのアイテムになってくるという感覚は、レンタルでは味わえない醍醐味だと思います。

グリルを選ぶ2つのポイント

バーベキューを始めるにあたって、まず必要なのがグリル。

最近では、アメリカンなフタが付いたバーベキューグリルも人気がありますが、持ち運びと収納のことを考えると、初心者の方にはあまりおすすめできません。

1台目として買うグリルは、一般的なフタのないノーマルタイプのものにするのがいいでしょう。

さて、グリルを選ぶにあたって、気をつけたいポイントは2つです。

まず1つ目は、**「設営のしやすさ」**。

グリルの脚に注目してください。安価なグリルにありがちなのが、設営するときに脚をネジでわざわざ留めなければいけないタイプ。これは実際にやってみると、設営がかなり面倒です。そして、次のバーベキューのときにはだいたいネジが何本かなくなっています。購入をおすすめするのは、**差し込み式で簡単に脚を着脱できるタイプ**

です。ある程度の価格のグリルなら、そのほかにも付属のケースがあったりと、設営のしやすさや持ち運びに気が配られています。

そして2つ目のポイントは、**「炭の足しやすさ」**。

あまり気にしたことがない方も多いかもしれませんが、これが大事なんです。

注目すべきは、グリルの火床。本体から**火床が引き出せるタイプ**を選んでください。

通常なら、網を持ち上げないと炭の継ぎ足しができませんが、引き出しタイプだと、火床をさっと引き出すだけで簡単に炭を足すことができます。

火床が引き出せないグリルの場合、継ぎ足しは本当に面倒です。

いったん網を移動させないとだめなので、網に具材がのっていると、さらにその具材も移動させないといけません。

そうなると、誰かがこう言います。「じゃあ具材をのせたまま網を動かそう！」。

そして次なる行動は、二人が網の端と端にそれぞれ割りばしを刺し、テコの原理を使って「せーの！」と網を持ち上げて平行移動させ、その一瞬のすきに炭を足す。いわゆる「割りばし網上げ式炭足し法」です。

みなさんきっと一度はやったことがあるはずです。そして、もったいないことにソーセージを少なくとも2本は転げ落としているはずです。

そんな悲劇を起こさないためにも、引き出し式のグリルを買ってほしいです。

そのほかのグリルでは、網の高さを上下させて火加減を調節できるタイプのグリルもあります。火加減の調節は、バーベキューを始めたばかりの人が苦戦しやすいポイントなので、こういった機能が付いたグリルだと食材を焦がす心配もありません。もちろん、炭のゾーン分け（64ページ）によって火加減は調節できるので、なくても大丈夫です。

ロースタイルのバーベキュー

最近では、ローチェア（低いタイプのイス）に座って楽しむ「ロースタイル」のバーベキューにも人気が集まっています。3〜4人くらいの少人数で、ローテーブルを囲んで、まったりと楽しむスタイルです。特にキャンプ場では、このロースタイルで楽しんでいる人がほとんどです。

ロースタイルのバーベキューをするなら、コンパクトなサイズの卓上グリルを買うのもいいでしょう。また、焚き火のときに使用する「焚き火台」にも、網がついてグリルとして活用することができるタイプがあります。これらは折りたためるので持ち運びも簡単です。ひとつ手にいれておけば、大人数のバーベキューではサブグリルとして使うこともできますし、チャコールスターター置き場としても活用できます。

グリルの使い勝手がよければ、バーベキューの設営・調理が劇的に楽になります。安価なものにとびつくよりも、長く使うことを考えて、機能性に優れたグリルを選ぶことをおすすめします。

フタ付きグリルは上級者への道

先ほども触れたフタ付きグリルですが、初心者にはちょっとハードルが高いのは事実。しかし、さらに一歩進んでバーベキューの上級者をめざすなら、いずれはぜひチャレンジしてほしいアイテムのひとつでもあります。なんといっても、フタ付きグリルは見た目からしてワイルドでアメリカン。非日常の雰囲気にあふれています。出てきたときの、「おおっ」という期待感とその場での存在感は、フタ付きグリルにしか出せない魅力でしょう。

フタ付きグリル

もちろん、料理の味も見違えるほどおいしくなります。肉厚のステーキも丸鶏も、フタ付きグリルなら蒸し焼き状態でじっくり火を通せるので、水分を失うことなくジューシーに焼き上げることができます。フタをすることによって下からの熱だけでなく、上下左右からも熱が加わるので、焼きムラもありません。

野菜を豪快に丸ごと焼くことができるのも、フタ付きグリルの醍醐味。たとえば玉ねぎを皮ごとじっくり焼けば、中がトロトロになった絶品の焼き玉ねぎに変身します。ピーマンやパプリカも、フタ付きグリルで丸ごと蒸し焼きにすれば、中の水分が逃げずに、驚くほどジューシーに焼き上がります。

フタ付きグリルは、料理の幅をぐんと広げてくれます。**「バーベキューでおいしい料理を食べたいなら、フタ付きグリルを買え」**と言っても過言ではないくらいです。

ただし、いったんフタをすると、あとは「待ち」の時間になってしまうのも、このグリルの特徴。おもてなしスタイルのバーベキューならそれでいいのですが、みんなでワイワイ楽しみたいときは手持ち無沙汰になってしまいます。フタ付きグリルの購入を検討するときには、その点も注意しましょう。

フタ付きグリルのさらに先を行くグリルとして、「フタ付きのガスグリル」があります。庭にこのグリルを常時設置すれば、火起こしも掃除もいらず、手入れも簡単。いつでも気軽に本格的なバーベキューが楽しめます。実は、バーベキューの本場・アメリカでは、このガスグリルが主流。業者がガスを補充しにきてくれるサービスもあります。

日本では、住宅設備などの問題もあり、ガスグリルを導入するのはなかなか難しいのが現状です。とはいえ、バーベキューをめぐる環境は日々進歩していますから、数年後にはどうなっているかわかりません。ガスグリルでバーベキューをする文化が日本に根付けば、それをきっかけにバーベキューの概念が変わっていくかもしれません。

BBQ 持っていくと便利なアイテム

バーベキューの基本的な持ち物については巻末のリストにまとめていますが、そのなかでも特に説明が必要なものを、ここでご紹介しましょう。

革手袋

軍手より耐熱性が高い革手袋は、熱くなった網を動かすときや、グリルを移動させるとき、炭を継ぎ足すときなどに欠かせません。ホームセンターやアウトドアショップに売っていますので、ぜひ購入しておきたいアイテムです。

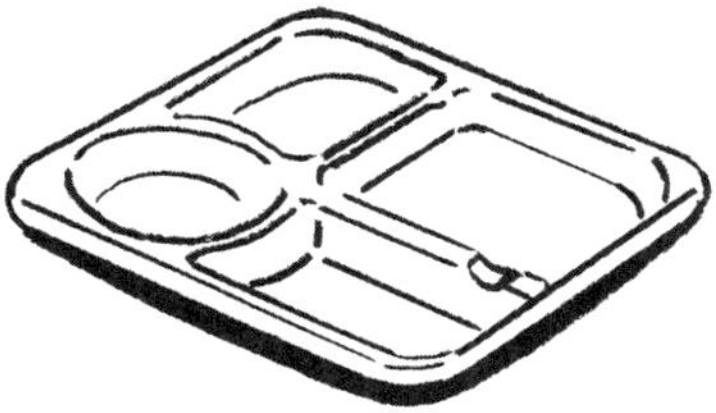

仕切りのある紙皿

ただの紙皿ではなく、仕切りのあるパルプ製のお皿。ソースや食材を入れられる四角い仕切りが2~3つあり、コップを置ける丸い仕切りもあります。ですので、1つのお皿の上に食材もコップものせることができ、皿とコップで両手がふさがることはありません。飲料の入ったコップを置いておくと、それが重しになり風で飛んでいくこともありません。これは持っていくとかなり喜ばれます。便利すぎて、先輩の今田耕司さんからは、「たけだ、あの紙皿だけは忘れずに持ってきてな」とバーベキューのたびに言われるぐらいです。

シェラカップ

アウトドアシーンでよく使われる、取っ手のついたステンレス製のカップ。スープやタレを入れて、カップごと火にかけて料理をすることもできます。重ねて収納でき、かさばりません。見た目も、〝ザ・アウトドア〟なアイテムなので、持っていくとアウトドアの雰囲気を盛り上げてくれます。

シリコンのハケ

スペアリブにソースを塗ったり、グリルの網にオリーブオイルを塗ったりするときに使います。耐熱性の高いシリコン製のものを選びましょう。一本あれば、野菜にオリーブオイルを塗ったりと、さまざまな用途に活躍します。

使い捨ての薄手袋

バーベキューでは生肉を扱いますから、ポリエチレン製の使い捨ての手袋があると衛生的です。ぼくは、シュラスコでかたまり肉にサーベルを刺すときや、ビア缶チキンのためにビール缶を丸鶏に刺すとき、スペアリブの薄皮を剥がすときなどに使っています。100枚入りぐらいで売られているので、気軽に使えるのもいいです。洗いものをするときもこれがあると便利。特にネイルをしている女の子や手荒れが気になる女の子には嬉しいものです。

タープ（日除け）

強い日射しを避けるために、ぜひ活用したいのがタープ。数本の支柱と防水の布で組み立てる簡易の屋根のようなものです。持っていない人も多いと思いますが、夏場のバーベキューでは快適さを格段に高めてくれます。特に、日焼けしたくない女子や小さなお子さんがいる場合は必需品です。

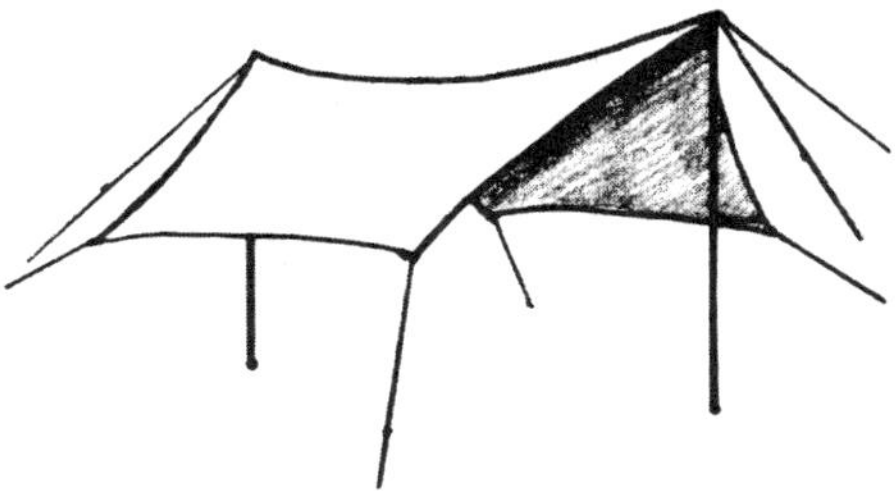

折りたたみ式キャリーカート

１００キログラムくらいの荷物は楽々と運べる、折りたたみ式のカートです。バーベキュー場によっては、駐車場から現地までかなり距離がある場合がありますが、これがあると本当に楽です。マンションから駐車場までの荷物の出し入れにも重宝します。折りたたむとかなりスリムになりますので、置き場所にも困りません。ぼくは

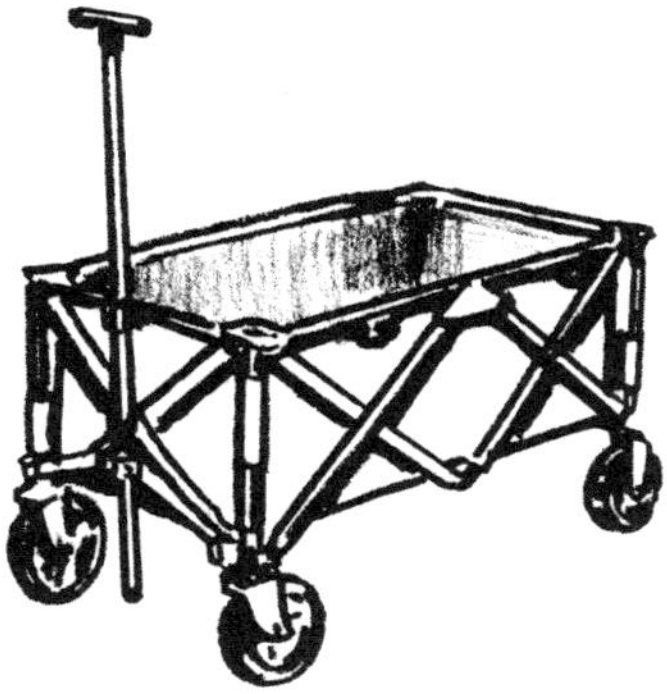

２０１３年にこのアイテムを導入したのですが、その年の〝たけだ'sベストバイ〟に選ばれました。それぐらい使えます。

ポップアップ式ランドリーボックス

マジックテープをはずすとポンと広がる洗濯カゴ。なかにゴミ袋を入れて、即席のゴミ箱として使います。ゴミ袋をただテーブルの横にテープで貼り付けるよりも、見た目がきれいでスマート。ポップアップ式なので持ち運びのときも邪魔になりません。

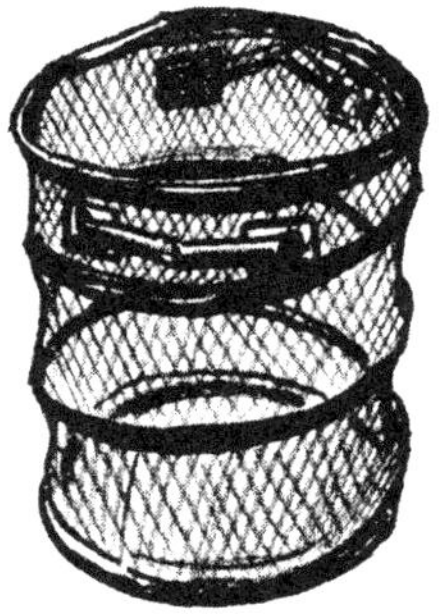

雰囲気を盛り上げるアイテム

持っていくアイテム次第で、アウトドアの雰囲気をさらに盛り上げることもできます。ぼくがよく持っていくものをご紹介しましょう。

木製の食器

これはかなり雰囲気をアップさせてくれます。ステーキを紙皿に置いて出すのはナンセンス。ぜひ木のお皿に盛り付けてみてください。急にむちゃくちゃおいしそうに見えます。

切る前の野菜も、一度木の器に盛り付けてほしいですね。ただの野菜がグッと魅力的になります。スキー場では女の子がかわいく見える〝ゲレンデマジック〟があるように、バーベキュー場で食材がおいしそうに見える〝木製の食器マジック〟も存在します。第一章でも述べたように〝カフェ感〟がムンムンに出せます。「え？　バーベキューなのにカフェみたい！」、このギャップによる雰囲気の演出が、木製の食器によって可能になるのです。

ソルト&ペッパーミル

これは絶対持っていくべき、と言ってもいいでしょう。バーベキューにおいて、これほどまでに演出力があり、雰囲気を盛り上げてくれるアイテムはありません。お肉に、小さな味付け塩コショウをパッパッと振るだけではなんの雰囲気もありません。そこはダイナミックに、ミル付きの岩塩、ミル付きのブラックペッパーを高い位置から豪快に振りかけるんです。それだけで、あなたのプロ度は急上昇し、お肉も一瞬でおいしそうになります。料理番組で、わざわざ高い位置からオリーブオイルをかける方もいますよね？　あれと同じです。「わざわざミルで塩とコショウを振る」。木の器もそうですが、「わざわざ木の器に盛る」、この**「わざわざ」がバーベキューの雰囲気を盛り上げるキーワード**なんです。

スキレット

鋳鉄製のフライパン。サイズは小さなタイプから大きなタイプまで幅広く、家庭でも使えるということもあり、主婦の間でも人気になったアイテムです。頑丈なので、多少荒く使っても大丈夫。そのまま網の上に置き、モツをソースで炒めたり、オリーブオイルを入れてアヒージョを作ったりと、ひとつあるだけで料理の幅も広がります。ぼくはアクアパッツァもこれでよく作ります。最近では格安で売られ始めたこともあり、気軽に入手できるようになりました。黒く武骨な見た目が特徴的で、アウトドアとの相性は抜群です。

瓶ビール

ビールは、できれば缶ではなく瓶を用意しましょう。氷水に浸かっている瓶ビールはかなり絵になり、みんなのカメラ欲をそそります。栓を開けて瓶のまま飲むなんて、まさに野外ならではの醍醐味です。

特に海外のメーカーやクラフトビール等はラベルがかわいらしいのでおすすめです。ただし、栓抜きは忘れずに。

テーブルクロス

アウトドア用のテーブルは味気ないデザインのものが多いので、かわいらしいテーブルクロスを敷くのもいいですね。それだけで、いつものバーベキューと景色が変わって見えます。民族柄のランチョンマットに調味料を並べてみるのもおすすめです。

マスキングテープとマジック

バーベキューでは、コップや皿が誰のものかわからなくなることがよくあります。そこで、マスキングテープとマジックを用意。コップや皿にテープを貼って、そこにマジックで名前を書けば誰のものか一目瞭然。見た目もかわいくなります。特に大勢でのバーベキューでは必須です。

使い捨てカメラ

これは持っていくと楽しいですよ。いま、使い捨てカメラが静かなブームにもなっています。誰でもスマホを持っている時代だからこそ、現像するまで何が写っているのかわからない面白さがあります。一個持っていって、みんなで自由に撮ってもらいましょう。

しゃぼん玉

これは言わずもがな、野外でのアウトドア感を増してくれる演出力の高いアイテム。子供がいれば、特に喜んでくれます。

自撮り棒

家にあればでいいのですが、一本持っていってください。今では街中で使うのはなかなか恥ずかしい自撮り棒ですが、バーベキューとなると野外の解放感からか、案外普通に使えてしまいます。荷物に忍ばせておくだけで大丈夫です。

「おっ、自撮り棒！」と誰かが発見してくれれば、そこでひとしきり盛り上がります。

ブルートゥースのスピーカー

スマホからブルートゥースで曲を飛ばせるスピーカー。最近は野外向けの防水・防塵タイプのものも各社から出ており、バーベキューやキャンプのマストアイテムになりつつあります。曲があるとないとでは、バーベキューの雰囲気はかなり違ってきます。ただし、音量は周りの迷惑にならない程度で。

折りたたみ式木製ラック

広げると3～4段に展開できる木製ラック。ホームセンターのコーナンが販売する「コーナンラック」が有名で、キャンパー達の間でマストアイテムになっています。調味料や調理アイテムをこれに並べると、なぜかぐっとオシャレさが増します。

クーラーボックスのこと

暑い時期のバーベキューでは特に、食材の保冷が重要になってきます。その際、クーラーボックスが必要となります。これがあると、食材に対する安心感とドリンクのキンキンさが違ってきますので、お財布に余裕のある方はぜひとも購入していただきたいアイテムです。見た目がオシャレなもの、サイドに栓抜きが付いたもの、3日間保冷力をキープできるものなど、種類もさまざまです。

ですが、クーラーボックスはそれ自体を家で保管するのに、そこそこのスペースを要するので、少し手が出しにくいアイテムでもあるかと思います。

そこでおすすめしたいのが、**「保冷バッグ（クーラーバッグ）」**です。保温力のある素材で作られた簡易なバッグで、今ではオシャレなものや、展開するとレジャーシートに早変わりするものまであります。保冷剤をしっかり入れておくと、半日バーベキューする程度であれば、食材を冷えた状態でキープすることができます。しかも、使い終わると薄くたたむことができるので、家での収納にも困りません。

ぼくがよく使っていたのが、会員制スーパーのコストコで販売されている保冷バッグです。保冷力も抜群で、なおかつ頑丈。容量もかなりあるので、クーラーボックスを買うまではずっとこれを使っていました。

保冷バッグのほかにもうひとつ、簡単に手に入り、なおかつ保冷力もあるおすすめのアイテムがあります。それは、スーパーでもらえる**「発泡スチロールの箱」**。保冷力がかなり高く、お肉や海鮮、飲み物などをしっかり冷やしたい方にはおすすめです。店にもよりますが、無料でくれるお店が多いので、もらえたらぜひ活用してみてください。ぼくもバーベキューを始めた頃は、もらった発泡スチロールと保冷バッグのコンボでやり抜いていました。バーベキューは、クーラーボックスがなくても案外いけてしまうものです。

また、段ボールでも簡易クーラーボックスが作れちゃいますので、ついでにその作り方もご紹介しておきましょう。

大きめの段ボールの中に、それより一回り小さい段ボールを入れ込みます。その段ボールと段ボールの間に、袋詰めした氷を何個か詰めていきます。あとは内側の段ボールに食材を入れるだけ。これで簡易段ボールクーラーボックスの完成です。即席で作れるので、困ったときのために覚えておくと便利な技です。

ちなみに、クーラーボックスやバッグを車に積むときには、**最後に積むのが鉄則**です。慣れていない人は、四角くて大きなものをつい先に積んでしまう傾向がありますが、そうすると、スーパーで買ったものを入れようとしたとき、「ボックスが一番奥にあるから、手前の荷物をいったん全部下ろさなきゃいけない」なんてことになりがちです。ですので、取り出しやすいようにクーラーボックスは最後に積み込みましょう。

あると嬉しい遊び道具

だいたい、バーベキューは午前中に始まり、終わるのは夕方ごろ。その間、延々と食べ続けているわけにはいきません。火起こしをする間や、焼きあがりを待つ間など、意外にやることがなく手持ち無沙汰な時間も多いですよね。そんなときに、ちょっとした遊び道具があれば嬉しいものです。

バーベキューができる場所は、河川敷であったり公園であったりと、何かしらの広いスペースがあります。そういう場所では誰でも体を動かしたくなりますよね。そこで、ニーズにこたえた、体を動かして遊べるちょっとした遊び道具があるとかなり喜ばれます。

準備のときになかなか遊び道具のことまで気が回らない方が多いと思いますが、何気にこれが重要なんです。

それでは、持ち運びも簡単で、持っていけばまぁ間違いないであろう遊び道具をご

ポケットディスク

ドッヂビー

紹介します。

まずは、**「野球のボールとグローブ」**。これは鉄板です。男ならだれでも食いつきますし、女の子でもやってみたいという子が意外と多いです。投げ方を教えてあげたりすれば、男女のコンビでも盛り上がります。

次に、**「フリスビー」**。これもド定番中のド定番。一枚置いておくと、誰かしらが勝手に遊び始めています。

フリスビーでは飽き足りない人は、**「ドッヂビー」**をおすすめします。これは柔らかい素材でできたフリスビーを想像していただけたらと思います。これをドッチボールの要領でチームに分かれて当てあいます。ボールと違い当たっても痛くないので、大人も子供も関係なく楽しめます。ポイントは、女子であろうと子供であろうと、思いっきり投げつけること。相手をむきにさせるのが盛り上がる秘訣です。

ただ、ドッヂビーは遊ぶのにそれなりに広いスペースが必要。もし、バーベキュー場が狭い場合は、**「ポケットディスク」**もおすすめです。これは、コットンでできた手編みのフリスビーです。見た目はかわいい鍋敷きのようですが、投げるとしっかり飛びますし、素材がやわらかいので誰でも気軽に遊べます。カラーバリエーションも豊富で、折りたたんで運べるので邪魔にならないため、ピクニックなんかにも最適です。

「さっきから投げてばっかじゃねぇかよ！」という声が聞こえてきそうなので、ほかの盛り上がりアイテムもご紹介します。それは、**「大縄」**です。

バーベキュー場に広いスペースがあるならこれはマストアイテムです。ぜひこれで大縄跳びをやってください。人数が多ければ多いほど確実に盛り上がります。ときには、バーベキューそっちのけで白熱してしまうこともあります。大縄跳びが終わった後には、参加者の結束力はかつてないほど高まっていることでしょう。そして、成功した後のビールは美味いです。

ちなみに、野外での定番と思われがちな「バドミントン」は、ぼくはあまりおすすめしません。最初は盛り上がりますが、だいたいが風に羽根が流されて数回しかラリーが続かず、尻つぼみになってしまいがちだからです。

以上、グリルから遊び道具まで、バーベキューにまつわる道具についてあれこれ書かせてもらいました。大事なのは、しっかりとした道具を選び、愛着を持って長年使うこと。道具を揃えたあとは、いよいよ料理です。次の章からは、目からウロコのバーベキュー料理術をあなたに伝授していきます。

第四章

感動を生む バーベキュー料理

バーベキュー料理で感動を与える。

果たしてこんなことが可能なのか。
「3つ星のフランス料理店じゃないんだから、
そんなことは無理でしょう」と言われてしまいそうですが、
断言しましょう、バーベキュー料理で感動は与えられます。

ワイワイ楽しいだけでなく、
バーベキューにまさかの感動まで生まれてしまう。
そんなたけだのバーベキュー料理術を、
みなさんにこっそりお教えしましょう。

王道のバーベキューを知る

バーベキューのメニューを考えるときに、ぼくがいつも心がけているのが**驚きを与えるということです。**

難しく考える必要はありません。普段のやり方を少しだけ変えたり、ちょっとしたアイデアを加えて、「バーベキューでこんな料理、はじめて！」という驚きをプラスしていくのです。この驚きの数が多ければ多いほど、場は盛り上がり、参加した人の感動数値は上がっていきます。

そのためにまず大事なのは、みんなが思い描く〝**王道のバーベキュー**〟**を知ることです。**王道を知れば、実はそこに少し「＋α」のアレンジを加えるだけで簡単に驚きや感動を生み出すことができるのです。

一般的なバーベキューの流れはこうです。

1　肉を焼く
2　野菜を焼く
3　〆《しめ》に焼きそばをする

みんなの頭のなかにある〝王道のバーベキュー〟は、ざっくりこの3部構成だと思います。どうですか？　みなさん、まさにこの王道のバーベキューをやっていたのではないでしょうか？　ぼくの経験上、ほとんどの人がこの3部構成の中でバーベキューを楽しんでいます。

ですが、実はこの定着した固定観念こそが次なるバーベキューへのカギなのです。この固定観念にほんのちょっとアレンジを加えるだけで、簡単にワンランク上のバーベキューができてしまうのです。

次からアレンジ方法を説明しますので、まずはこの〝王道のバーベキュー〟を頭にしっかりと入れておいてください。

バーベキューはコース料理

では、王道のバーベキューに、具体的にどのようなアレンジを加えたらいいでしょうか？

加えるアレンジはたった2つ。

ずばり、**最初に前菜を出し、最後はデザートで締めくくる**。これだけです。

1 前菜
2 肉料理
3 野菜料理
4 〆の料理
5 デザート

先ほどの3部構成から、「前菜」と「デザート」を+αして、**5部構成**になりました。これが、ぼくがぜひおすすめしたい〝新・王道のバーベキュー〟です。

「え、それだけ?」と思った方もいるかと思いますが、実は2つ加えて5部構成になったとたんに、バーベキュー料理が**「バーベキューのコース料理」**へと生まれ変わるのです。後ほど説明しますが、「前菜」と「デザート」の導入は、あなたのバーベキューに革命をもたらしてくれるはずです。

そしてこの5部構成に、あとは順次メニューをあてはめていけば、バーベキュー料理に無限の可能性が広がっていきます。

初心者におすすめのお手軽コースメニューなら、たとえば左ページのようなラインナップが考えられます。

どうです?　メニューの字面だけでも、いつものバーベキューと一味違う雰囲気が伝わってきませんか?

ここから先は、このコースメニューに沿って、5部構成の〝新・王道のバーベキュー〟の流れを詳しく解説していきましょう。

絶対に失敗しない
初心者おすすめのコース

前菜

トルティーヤチップスの
ワカモレディップ

肉料理

厚切りペッパーステーキ

野菜料理

焼き野菜の
バーニャカウダー

〆の料理

こく旨！
バター焼きそば

デザート

焼きマシュマロの
スモア

前菜という名の衝撃

3部構成から5部構成へと進化を遂げた〝新・王道のバーベキュー〟ですが、そのトップを飾るのが、前菜です。**「バーベキューには前菜を」**。これをぼくは声を大にして言いたいです。前菜を出すタイミングも重要で、**火起こしの時間を有効活用する**のがポイントです。

バーベキューの火起こしには、案外時間がかかります。みんなお腹は減っているけど、火がまだついていないので、何も焼けないから食べ物がない。そう、ここで前菜の登場です。

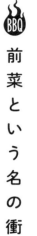

そもそも一般の人は、バーベキュー料理といえば炭火で焼くことしか発想にありません。そこにあえて、前菜として**火を使わない料理を導入する**のです。

バーベキューで前菜が出てくるなんて誰も予想していませんから、「ええっ、前菜?」とみんな驚いてくれます。前菜を出すのと出さないのとでは、まさに雲泥の差があります。

火起こしの間に作るものですから、それほど凝った料理である必要はありません。

初心者におすすめしたいのは、「**トルティーヤチップスのワカモレディップ**」。名前だけ聞くと難しそうでしょ？　でもこれが超お手軽。アボカドを潰し、マヨネーズと刻んだ玉ねぎ、レモン汁を入れて混ぜれば完成。あとはトルティーヤチップスをディップするだけ。

輸入食材店などで市販されている、ワカモレ（アボカドのソース）を買っていって、器に盛るだけでも大丈夫。そうすれば下ごしらえも不要です。

火起こしの間は手持ち無沙汰ですから、みんなで前菜を作って共同作業をすれば会話もはずみ、のっけからみんながひとつになります。

そのほかの前菜メニューとしては、「**さっぱりゼリーのトマト添え**」。こちらもおすすめです。市販のグレープフルーツゼリーをかき混ぜ、小さなカップに入れます。そこに、1／4にカットしたプチトマトを数個のせ、最後にミントの葉を飾ると完成。見た目もよく、さっぱりとした味わいで、口のなかを爽快にしてくれます。

さらにもうひとつ、火起こしの時間を利用して、ぜひみんなで作っていただきたい前菜メニューがあります。それは、「**生春巻**」です。「バーベキューで生春巻?」とお思いでしょうが、第一章で述べたように、その疑問こそが驚きや感動を生むのです。

作ってみると非常に簡単で、ボイルエビと千切りにしたキャベツを、水にさっとくぐらせたライスペーパーで巻いて、一口サイズにカットするだけ。あとはスイートチリソースさえ買っておけば、またたく間に完成します。

野外で生春巻を作った経験のある人なんてまずいませんから、盛り上がることは間違いなしです。作ってみると、これがまた楽しいんです。野外での生春巻は、かなり写真映えするので女子ウケはすごいです。しかもおいしいときたら、絶対に間違いなしの一品です。

BBQ かたまり肉の破壊力

前菜を振る舞い、炭の準備もできたらいよいよバーベキューの主役、肉の登場です。

ぼくはこれまでいろんな媒体で、**「肉はかたまりで焼け」**と繰り返し語ってきました。

それはなぜか？

理由は単純です。かたまり肉を用意すると、それだけでみんなのテンションが上がるからです。

クーラーボックスからデカいかたまり肉が出てくると、「うおぉぉぉー！」と、「ロックスターでも登場したのか？」というぐらいに場が盛り上がります。

日本式のバーベキューは薄切り肉が主流ですから、「分厚い肉を切り分けて食べる」という経験をしている人は案外少ないです。

また、かたまり肉は、〝フォトジェ肉〟と呼んでしまいたくなるくらい写真映えするのも魅力のひとつです。

まず登場した瞬間、それにコショウをミルでガリガリとひく瞬間、焼き上がったお肉にナイフを入れる瞬間、盛り付けられた瞬間……。そう、シャッターチャンスに事欠かないのが、かたまり肉なのです。

大人数であればあるほど、かたまり肉の魅力はアップします。というのも、家で分厚いステーキ肉を食べようと思っても、一人暮らしのぼくなんかは食べきれなかったり、値段が高くて手が出ないこともあります。そこで、人数が多いことを活用して、普段は買えないような贅沢なかたまり肉を買ってしまうのです。「**割れば安い！**」。バーベキューならではの買い物術です。

かたまり肉の調理法ですが、まずは1ポンドぐらいのステーキ肉を購入し、シンプルに網焼きステーキにチャレンジしてみてください。おすすめの肉の部位は、リブロースです。赤身と脂身のバランスがよく、塩コショウをするだけでもおいしく食べられます。

牛ランプ肉などの赤身の肉は、ブラジル風にシュラスコにするのがおすすめ。ブロック肉に塩コショウをして鉄串に突き刺し、網を外して炭火の上に直接串を渡し、ぐるぐると転がしながら豪快に焼きます。そして、焼けたところをナイフで削ぎ切って食べます。見た目もインパクトが強く、盛り上がることは間違いありません。ソースにこだわってみるのもいいでしょう。細かく切ったトマト、玉ねぎ、ピーマンにワインビネガーと塩、コショウ、オリーブオイル、すりおろしニンニクで酸味の効いたモウリョソースを作れば、本場ブラジルの味になります。

スペアリブも、一本一本に切り分けられていない、つながったままのものが売られています。これもかなりのインパクトがあるので、売り場で見かけたらぜひ購入して焼いてほしい一品です。スーパーでも、精肉コーナーの人に言うと、切る前のものを出してくれることがありますので、一度聞いてみるのもいいでしょう。

丸鶏1羽など、鶏肉のかたまり肉もインパクトは大ですが、実はこれがいちばん難易度が高いです。牛とは違い、しっかりと中まで火を通す必要があり、フタ付きグリルがなければ焼き上げるのはなかなか難しいです。

まずは牛だとステーキやシュラスコ、豚だとスペアリブをメインに据えることをおすすめします。

シュラスコ

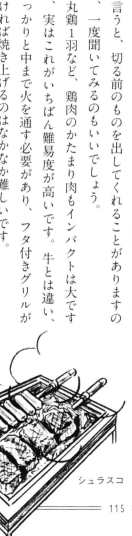

BBQ 厚切りステーキのおいしい焼き方

かたまり肉を焼くといっても、どれぐらい焼けばいいのか、ちゃんと火は通るのか……と心配な人もいると思います。

実際、フタのないグリルを使ってかたまり肉に火を通すには、それなりのテクニックが必要です。普通に強火で焼くだけでは、表面は焦げて中はナマのまま、なんてことになってしまいます。

シュラスコの場合は、回しながら表面を焼き、その焼けた部分を削ぎ切りして食べるのでフタはなくて問題ありません。

しかし、リブロースやサーロインなどの分厚いステーキ、ランプ肉やもも肉のブロック肉のローストビーフともなってくると、何かでフタをして蒸し焼きにしないとなかなか中まで火が入ってくれません。ましてや鶏や豚のかたまり肉の場合は、生焼けは危険ですから、フタをして確実に中まで火を通さなければいけません。

「じゃあフタのないグリルでは焼けないの？」。そんなことはありません。

そこで登場する秘密兵器が、**「アルミ製の焼きそばプレート」**です。バーベキューで使ったことのある人も多いと思うのですが、アルミ素材でできた四角いプレートで、網の上に置いて焼きそばなどを焼くときに活用するあのプレートです。鉄板を持っていない人にとっては必需品ですよね。

そしてこれを、お肉を焼くときに使うのですが、使い方に特徴があります。なんと、裏返して、**焼きそばプレートをフタ代わりに利用するの**です。

アルミ製の焼きそばプレート

この方法を使って、**「厚切りペッパーステーキ」**を焼く手順を説明しましょう。

まず、厚切りステーキ肉に、塩、粗びき黒コショウでしっかりと味付けをします。ピリッとした味わいを出すために、粗びき黒コショウはかなりきつめに振って大丈夫です。次に、強火ゾーン（64ページ）で両面を焼きます。ある程度焦げ目がついたら、弱火ゾーンに移します。

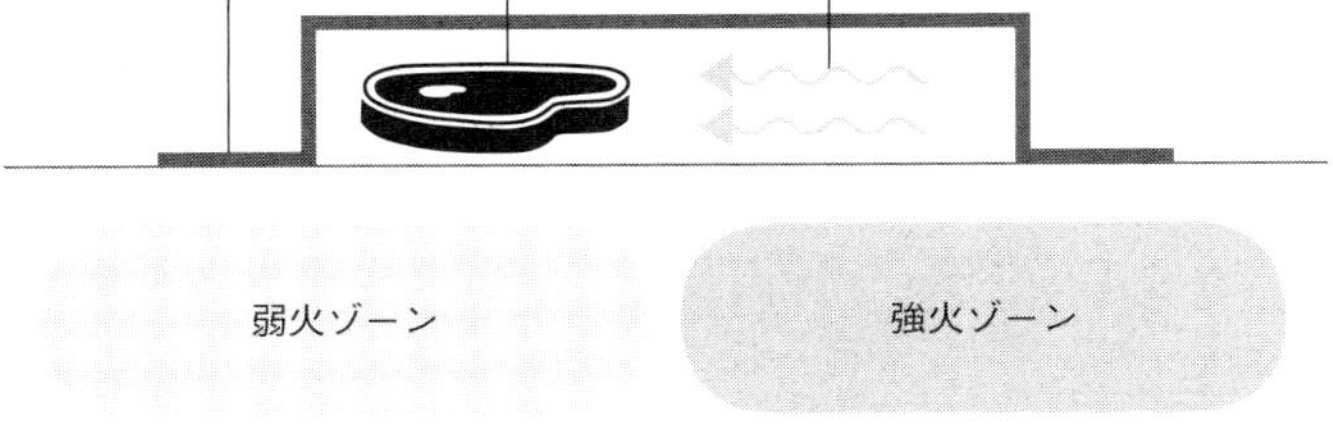

グリル

ただし、弱火ゾーンに移動して放置するだけでは、中まで火は通りません。

そこで、焼きそばプレートで肉にフタをしましょう。このとき、強火ゾーンと弱火ゾーンにまたがってプレートを置くのがコツです。そうすると、肉そのものは弱火ゾーンにあるので焦げませんが、強火ゾーンから熱気が送り込まれ、高温での蒸し焼き状態が保たれます。直接熱を当てずに間接的に焼くので、これを**間接焼き**と言います。そのまま数分間置いておけば、肉の中までしっかり火を通すことができます。焼きそばプレートを使わずとも、アルミホイルで同様にカバーしてあげても同じような効果は得られます。

「焼きそばプレートでは物足りない」という人は、ステンレス製のボウルに穴を空けて市販の取っ手をつけ、簡易のフタにすることもできます。鉄板料理屋さんで使われているような、プロっぽいカバーの出来上がりです。

鶏もも肉の塩麹《こうじ》漬けや味噌漬けも、普通に焼くと焦げてしまいますが、このやり方で間接的に火を通せば、水分が飛んでパサパサになることもなく、柔らかくジューシーに焼き上がります。

そしてここで、ステーキの焼き具合を見極める簡単な方法をお教えします。その名も「**フィンガーテスト**」。ステーキって、焼いたはいいものの、切ってみないとレアなのかミディアムなのか焼き具合がわかりづらい。そんなときにこのフィンガーテストを使ってみてください。やり方は、まず、左手の人差し指と親指で軽く輪っかを作り、右手の人差し指で左

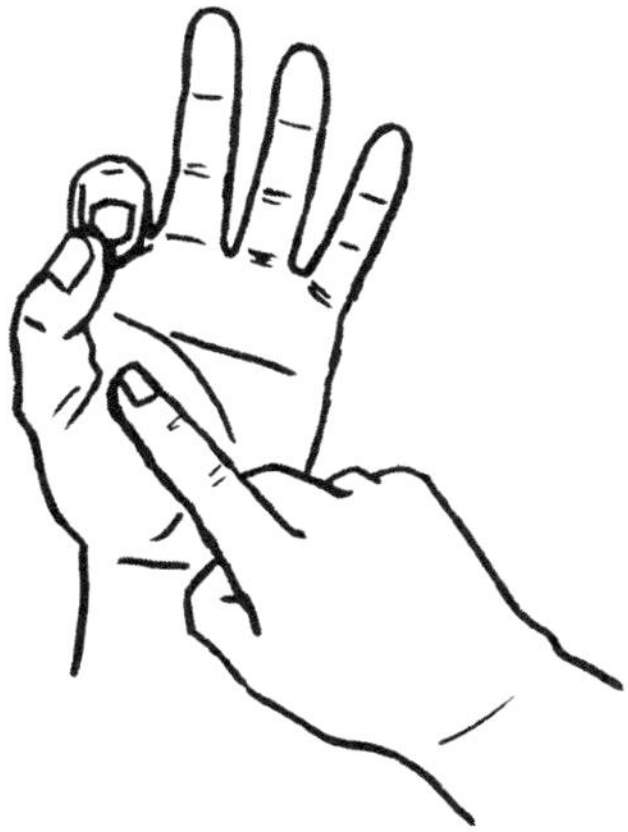

フィンガーテスト

手で作った輪っかの付け根（親指の付け根）をツンツンしてみる。さらに焼いたステーキもトング、もしくは指でツンツンしてみて、先ほどの付け根の感触と同じなら、それは焼き具合が「レア」。同様に、左手の親指と中指で輪っかを作ってみると、人差し指の場合よりも付け根の感触が固くなっています。そこの感触とステーキの感触が同じなら、「ミディアムレア」。さらに中指を薬指に変えると「ミディアム」、小指だと「ウェルダン」と、付け根の固さによってだいたいの焼け具合の目安になるのです。

また、ステーキをさらにおいしく焼くためには、焼く30分前にはクーラーボックスから出して**常温に戻しておくこと**。冷えたままの肉だと、中まで火が通りにくく、焼き上がりがかなりレアになってしまいます。そして、**塩は焼く直前に振るのがベスト**。焼くずっと前に振っていると、水分が肉から出てくるので、せっかくの肉の旨味も一緒に流れてしまうからです。

また、肉が焼き上がった後、すぐにナイフで切ってしまいがちですが、これはいけません。すぐに切ると肉汁がジュワッとあふれてきて見るからにおいしそうなのですが、実はこれは肉汁とともに旨味も外に逃げているということ。めちゃめちゃもったいないです。

焼き上がったあとは、すぐにでも食べたい気持ちをじっと我慢して、アルミホイルで包んで**しばらく肉を寝かせてあげる**、これが大事です。すると、肉汁が隅々まで染みわたり、さらにジューシーな味わいが楽しめます。一般的に、焼いた時間の30％の時間を寝かせるのが目安だとされています。

みんなを焦らせるのも、ひとつの演出。肉を寝かせている時間に、みんなの期待感はどんどん膨れ上がっていきます。待った時間の分だけ、食べたときのおいしさも増すというものです。

本格派のスペアリブ

かたまり肉のほかに、ぜひ用意しておきたい肉がスペアリブ。骨のまわりには肉の旨味が濃縮されていますから、肉本来のおいしさを味わうにはもってこいです。

スペアリブは、甘辛いタレで味付けするととてもおいしいのですが、先にタレに漬けてから焼くと、糖分がキャラメル化してすぐ焦げ付いてしまいます。そうすると、中までじっくり火を通すことができません。

そこでおすすめなのが、先に**ラブを塗り込むこと**。ラブとは、肉に塗り込む下味用の調合スパイス。タレに漬け込む、タレを塗るということはしたことがある方も多いと思いますが、「ラブを塗り込む」、これからはこの作業をぜひとも加えていただきたいです。

スペアリブにラブで下味をつけておき、焼きあがる直前にソースをハケで塗って焼き上げると、上手においしく焼くことができます。

ラブの作り方ですが、シンプルな調合だと、塩、ブラックペッパー、ガーリックパウダー、パプリカパウダー（163ページ）を混ぜ合わせれば充分です。オニオンパウダーやブラウンシュガー、オレガノなどを調合すると、さらに味に深みが増します。ラブは豪快に振りかけ、ワイルドに手で塗り込んでください。見た目の演出効果も抜群です。

そして、スペアリブにラブを塗り込んだら、網にのせて適度に転がしながら焼いていきます。8割方焼けたところで、ヨシダソース（162ページ）などのバーベキューソースをハケで塗りながら、さらに焼きます。ソースは2、3回塗ってください。

こうすると、ソースが焦げ付くこともなく、いい具合に照りつき、しっかり中まで火が通った絶品のスペアリブが焼き上がります。焼き上がりの目安としては、**「肉の部分から骨が出てきたら」**。焼く過程で肉が縮んできて、おのずと骨が出た状態になるので、骨が見えだしたら焼けた合図です。

一本一本に切られていない、つながったままのスペアリブが手に入った場合は、**アルミホイルで包んで焼く**ことをおすすめします。ラブを塗り込んだ後、さらにフレンチマスタードを表面にたっぷりとハケで塗ってください。それをアルミホイルで2重に包み、あとは火の強い箇所に30～40分放置します。するとスペアリブがアルミホイルの中でぐつぐつに煮えているので、取り出して網の上で焼きます。そのときに、先ほどと同様、バーベキューソースをハケで塗りながら焼き上げます。

そして、あとはまな板の上で豪快に切り分けてあげれば、今まで食べたことのないくらいおいしいスペアリブに仕上がります。ぜひ試していただきたい焼き方です。

バーニャカウダーで野菜を主役に

豪快に肉を焼き上げたら、お次は野菜です。みなさん、バーベキューで食べる野菜って、おいしかった記憶、ありますか？　焼きすぎて縮んだピーマン、真っ黒になったサツマイモ、いつが食べごろかまったく不明なカボチャ……味も焼き肉のたれオンリーで、毎度変わり映えがしません。

しかし、そんなバーベキューでしいたげられがちな野菜が、一気に主役に躍り出るレシピがあります。それが、**「焼き野菜のバーニャカウダー」**です。

作り方は簡単。シェラカップやアルミの簡易容器などの耐熱容器に、オリーブオイルを適量入れ、そこにアンチョビのペーストタイプと、チューブのニンニクを同量入れて、混ぜ合わせて火にかけるだけ。ふつふつとオイルがわいてくると、熱々の即席バーニャカウダーソースの完成です。

その隣で、適当な大きさに切った野菜を網で焦げ目がつく程度に焼きます。それをバーニャカウダーソースにくぐらせて食べると、これがもう激旨です。

野菜は何でも合いますが、オクラやアスパラガス、ナス、カブなど、形がしっかりしたものが、ディップしやすくておすすめです。エリンギなどのキノコも用意しましょう。網に並べたときの彩りも大事なので、パプリカの赤色、黄色はマストでほしいです。

試してもらうとわかりますが、アンチョビが効いていて、本当に野菜がいくらでも食べられてしまいます。また、「え！　バーベキューでバーニャカウダーが食べられるの？」、この驚きがあります。イタリア料理屋さんでバーニャカウダーが出てきても普通ですが、バーベキューで出した日には、あなたはヒーロー扱いされるはずです。

オシャレでおいしくて、彩りもよく簡単。ぜひ次のバーベキューでは、あなたの腕で野菜を主役にしてあげてください。

アレンジで生まれ変わる焼きそば

お肉も野菜も食べ終わり、最後の〆といえば、やっぱり焼きそば。ソースの焼けた香りに食欲がそそられ、お腹いっぱいでも食べられてしまいますよね。いかにもバーベキュー、といった定番の〆メニューです。しかし、焼きそばにマンネリを感じてしまうのも事実。このマンネリ化した焼きそばに一手間を加えて、オリジナル焼きそばに変身させましょう。

そのオリジナル焼きそば、その名も**「こく旨！　バター焼きそば」**。

使うのは「焼肉のタレ」と「バター」。付属の粉末調味料ではなく、焼肉のタレで焼きそばに味付けします。最後に、バターを全体に絡めたら完成です。タレの甘みと、バターのコクが食欲をそそり、これだけでいつもとはまったく違った焼きそばに生まれ変わります。

このメニューは、ぼくが家でパスタをつくっていて、調味料がなかったときに生まれたものです。何の気なしの組み合わせだったのですが、これがめちゃくちゃおいしくて、「パスタでできるなら、焼きそばでもいけるだろう」と思い、試してみたら大成功。〆なのに、おかわりする人が続出するくらいの人気メニューになりました。

ところで、バーベキューの定番メニューにもかかわらず、案外失敗することが多いのが焼きそば。失敗の理由は2つあります。

1つ目は、**不十分な火力**。焼きそばが登場するバーベキューの後半には、炭が消えかかり、火力が落ちているケースがしばしばあります。弱火では、いつまでたっても具に火が通らないし、ソースをかけたときのあのジューッという音、香ばしさがまったく出せません。これでは台無しです。

2つ目は、使い捨ての**「アルミ製焼きそばプレート」で焼きそばを焼いてしまうこと**。後片付けが楽なのでぼくもよく使うのですが、これで焼きそばをおいしく焼くためには、実は相当な火力が必要となります。アルミが持つ放熱性のために、食材を入れるとすぐに温度が下がってしまい、思うように火が通らないからです。特に大量の焼きそばを焼くと、中まで火が通らないことがしばしばあります。焼きそばプレートを使うときは、鉄板よりもう一段階上の火力が必要になるのです。初心者の方は、ぜひ鉄板を使って焼いてください。

焼くときのコツはただひとつ、**カンカンに熱くなった鉄板で一気に焼き上げること**です。「**焼きそばは火力が命**」。これを実践すれば、絶対に失敗することなくおいしい焼きそばが焼けるはずです。

バーベキューにデザートという概念を

さて、5部構成のコース料理となった、〝新・王道のバーベキュー〟。ラストを飾るのは、「**デザート**」です。みなさん、これは是が非でも取り入れてください。

火起こしにやたら時間がかかった、お肉が丸焦げになってしまった、焼肉のタレを忘れた……というような散々なバーベキューでも、最後においしいデザートが出てきたら、それらが帳消しになるぐらいの満足感を与えてくれます。

そもそも、前菜同様、バーベキューでデザートが出てくるなんて誰も思っていません。塩辛い食べ物ばかりのバーベキューの最後に、甘いものが登場するこのギャップ。ここに驚きの秘密があります。オリジナル焼きそばの時点でかなりの充実感を得ているはずなのに、そこに追い打ちをかけるかのごとく押し寄せるデザートのインパクトたるや、まさに革命的です。最後に作るものなので、簡単なもので大丈夫です。

バーベキューデザートで、簡単でなおかつウケがいいものといえば、なんといってもマシュマロでしょう。マシュマロを串に刺し、炭火であぶって焦げ目をつける「焼きマシュマロ」。作る過程も楽しければ、食べたときのふわとろの食感もたまらなくおいしい、超定番デザートです。

そして、これにちょっと一工夫すると**「焼きマシュマロのスモア」**が作れちゃいます。焼いたマシュマロに、1片ずつに割った板チョコをのせ、それを2枚のクッキーで挟むだけ。マシュマロの熱でチョコがとろけて、口いっぱいに甘みが広がります。ちなみにスモアとは、アメリカの子供がマシュマロとチョコとクッキーの組み合わせが好きすぎて、ママに「サムモアー！　サムモアー！（もっとほしい、もっとほしい）」と言い、そこからスモアと名付けられたとされています。

そのほかのデザートだと、焼きフルーツもおすすめです。フルーツは、焼くと余分な水分が飛び、甘みが凝縮するので、バーベキューデザートにはもってこいなのです。

簡単でおいしいフルーツは、**「焼きバナナ」**です。作り方は超簡単。バナナ丸々1本を、皮のまま網の上で真っ黒になるまで両面焼きます。すると、バナナの皮が少し裂けて、すき間からふつふつと湯気が出てきますので、それができあがりの合図です。ナイフで皮を割いて、シナモンシュガーを振ると完成です。トロットロになった熱々のバナナは、まさに絶品です。

ほかに、「**焼きグレープフルーツ**」もおすすめです。半分に切ったグレープフルーツの上にザラメをのせ、皮を下にして網で焼きます。焼けてきたら、ひっくり返して、実の部分をジュッと焼き、ザラメが溶けたら完成です。最後にバターを塗ってあげると、さらにまろやかさがアップし、より一層おいしくなります。また、焼くと柑橘の香りがあたりに広がり、お肉でもたれた空気をリフレッシュさせてくれる効果もあります。

以上が〝新・王道のバーベキュー〟5つのコース料理です。王道を知り、それを崩し、アレンジを加える。たったこれだけの作業で今までのバーベキューに革命をもたらすことができます。きっとあなたはヒーローになれるはず。ぜひチャレンジしてみてください。

コース料理をさらにアレンジ

ここまで、普段のバーベキューに驚きをプラスさせ、ワンランクアップさせるコース料理を紹介してきました。

難しい料理は何もなく、使う調理器具はグリルと鉄板だけ。それでも、普段と一味違うバーベキューができることが、おわかりいただけたと思います。

普段と一味違う。ここが大事です。

そこでもうひとつ、新たなコースメニューの提案として、インパクトを重視した派手なコースメニューを次のページから紹介していきましょう。そのまま再現してもいいですし、前述の「初心者おすすめのコース」のメニューと組み合わせても結構です。難易度も決して高くないので、ぜひ取り入れてみてください。

一品ごとに、詳しく見ていきます。

見た目が派手な
インパクト重視のコース

前菜
シェイキンサラダ

肉料理
サムギョプサル

野菜料理
野菜の丸ごと焼き

〆の料理
情熱の真っ赤な
トマト焼きそば

デザート
ベリーベリーマシュマロ

前菜「シェイキンサラダ」

シェイキンというだけあって、振って作るサラダです。少し大きめのビニール袋を用意し、そこに適当な大きさにカットしたパプリカやレタスなどの野菜を入れます。さらに、粉チーズ、酢、オリーブオイル、塩を適量加えます。袋の口を閉じて、それをレッツシェイキン！ 思いっきり振りましょう。レタスなどの葉物はワイルドに手でちぎってもいいですし、子供にやらせてあげると大喜びで作ってくれます。最後は、もちろん木の器に盛り付けてくださいね。

肉料理「サムギョプサル」

バーベキューでサムギョプサル。意外な組み合わせですが、これは実にバーベキューに向いた料理なんです。というのも、野外なので油がはねるのも気にしなくていいですし、何といっても野菜が豊富にとれるんです。

作り方もいたって簡単。厚めの三枚バラを、鉄板でカリカリになるくらいに焼きます。そして、その隣でキムチやお好みの野菜を炒めます。このとき、鉄板を少し斜めに傾けて、流れてきた三枚バラの油で炒めるとさらにおいしくなります。三枚バラが焼けたら、トングとハサミを使って切り分けてください。この演出が大事です。あとは、用意しておいたサンチュや大葉でお肉とキムチを包んで食べるだけです。いろんな工程豪快に焼き、それをハサミでカットし、みんなでわいわい野菜に包む。があるのもサムギョプサルの楽しいところです。

野菜料理「野菜の丸ごと焼き」

野菜を豪快に丸ごと焼けるのも、バーベキューならではの楽しみのひとつ。たとえばピーマンを丸ごと、ゴロゴロ転がしながら網の上で焼いてみましょう。ただ焼くだけではパサパサになってしまうので、ハケでオリーブオイルを塗りながら焼いてください。そうすると水分が逃げないので、焼き上がりがものすごくジューシーになります。空気が抜けてしぼんで来たら焼き上がりのサイン。甘みと旨味にあふれ、ピーマンを見直すことになるでしょう。

しいたけも丸ごと焼いてください。石づきを取り、傘を下にして塩を振って焼く、これだけです。ただし、決してひっくり返してはいけません。するとまず塩が溶けてキラキラ輝き始めます。その次に、しいたけから肉汁があふれ出てきます。しいたけの傘の中に肉汁の湖が出来たら完成です。汁をこぼさないように、注意しながら口に運んでください。絶品の味わいです。

〆の料理「情熱の真っ赤なトマト焼きそば」

これは、名前だけ聞くと難しそうな感じもしますが、めちゃめちゃ簡単です。キャベツ、玉ねぎ、にんじん、ピーマン、ベーコンをオリーブオイルで炒め、そこに麺を投入します。そして、付属の粉末ソースで味付けをしてください。そうです、ここまでは至って普通の焼きそばなんです。「どこが真っ赤やねん」というツッコミが聞こえてきましたので、ここからがアレンジです。ホールのトマト缶を用意し、鉄板にドバッと出します。ヘラでトマトをつぶし、麺と絡めると一気に真っ赤に。最後に粉チーズをたっぷり振りかけ、パセリを乗せると完成。ナポリタンのような味わいなので、子供にも大人気です。

デザート「ベリーベリーマシュマロ」

最後は、焼いたフルーツにマシュマロを溶かして完成させる贅沢なデザート、ベリーベリーマシュマロです。鉄板の上で、カットしたイチゴ、パイナップル、ブルーベリーなどを炒めます。そして焼いたフルーツの上にマシュマロを数個のせます。さらにアルミホイルでフタをして数分待つと、マシュマロがフルーツの上にトロリと溶けて、見た目もおいしい絶妙のスイーツに。そのまま食べても、クラッカーにのせてもオシャレです。最高なのは、アイスクリームにかけて食べること。これを出された日には、マシュマロ同様、女の子もとろけてしまうでしょう。

アレンジコース、いかがでしたか？　このコースメニューなら、記憶に残るバーベキューになることは間違いありません。

どの料理も見た目は派手ですが、作ってみると簡単なものばかりです。これがすべてではもちろんありませんので、組み合わせを変えながら、自分なりのコースメニューを作ってみてください。

うまい、簡単、オシャレ！　アヒージョ

これまでコース料理のさまざまなメニューをご紹介してきたのですが、次に紹介する料理は**「アヒージョ」**です。エビなどの魚介類と野菜を、ニンニクの効いたオイルでぐつぐつ煮込む、スペインを代表するオシャレ料理です。今では、洒落た飲食店に行くと必ずありますし、女子は間違いなく注文しますよね。

そんなアヒージョをぜひバーベキューでもやっていただきたい。おすすめする理由は、まず、「え？　バーベキューなのにオシャレなお店の料理みたい！」。第一章で述べた〝なのに理論〟にぴったり当てはまります。

次に、とにかく作り方が超簡単。一言でいえば、耐熱容器にオリーブオイルを入れて具材を煮るだけ。放っておくだけで**誰でも失敗なく作れます**。

作り方を説明します。ステンレスやアルミの耐熱容器に、むきエビ、カットしたマッシュルームを入れます。そこに具材がひたるぐらいにオリーブオイルを注ぎ、塩ひと

つまみ、チューブのニンニク、種を出した鷹の爪を入れます。あとはそれを網の上に置き、オイルが煮立ったら完成。バゲットを隣であぶって、木のカッティングボードに盛り付けてあげるとさらに雰囲気が増します。バゲットをオイルにつけて食べると、そこにはスペインの風が吹くことでしょう。

さらに本格的なアヒージョを目指すなら、ぜひともスキレット（91ページ）を活用してください。アヒージョとスキレットの相性は抜群で、かなり絵になります。バーベキューでのアヒージョ用に、小型のものをひとつ用意しておいてもいいでしょう。うまい、簡単、オシャレ。この3拍子揃ったアヒージョ、ぜひあなたのコース料理に加えてみてください。

究極の〆、パエリア

「バーベキューの〆に、アレンジ焼きそばを焼こう」とさんざん言ってきたのですが、実はそれを上回る衝撃を与える〆の料理があります。それが、「パエリア」です。

アヒージョと同じくこちらもスペイン料理で、生米を魚介類、野菜と一緒にスープで炊いて食べる、彩り鮮やかなオシャレメニューです。魚介の旨味がご飯にしみわたり、味も言うことはありません。マンネリ化した焼きそばを脱却したい方は、ぜひパエリアに挑んでいただきたいです。スキレットやパエリア専用のパエリアパンがあれば一番よいのですが、家庭のフライパンでも作れるのでご安心を。

パエリアも作ってみると簡単です。

まず、適量のお水に、ターメリックの粉末を溶かしておきます。本当はサフランを使うのですが、ターメリックの方が手軽に入手できます。次に、熱したフライパンにオリーブオイルを入れ、ニンニクを炒めます。そこに、塩コショウをしたイカやエビなどの魚介類を入れて火を通します。そして、その中に生米を投入します。お米は洗わなくて大丈夫です。オリーブオイルが米全体になじんだら、ターメリックを溶かしておいた水を、お米がちょうどひたるくらいに注ぎます。そこに、コンソメを入れて味付けし、カットした黄と赤のパプリカとアサリを並べ、フタをして15分ほど蒸し焼きにします。最後は火から下ろして5分ほど蒸らすと完成です。パセリやレモンを添えてあげると、見た目のオシャレさもさらにアップします。

パエリアをおすすめする理由はほかにもあります。それは、失敗しても大丈夫な言い訳が揃っているからです。パエリアというものは、本来お米の芯が残っているのが良しとされ、パスタでいうアルデンテの状態が理想とされています。なので、もし炊く時間が短くて、中に芯が残りすぎてクレームが来ても、「わかってないなぁ、本場のパエリアは芯を残すのが正解なんだよ」と言って、素知らぬ顔をして相手の舌に疑いをかけてください。逆に、炊きすぎて焦げ付いてしまっても、「パエリアは、このおこげが最高なんだよね」と、焦げではなくあくまで「おこげ」だと主張し通してください。これでパエリアの失敗はなくなります。

究極は、**「いか墨パエリア」**を作ることです。作る工程は同じで、ターメリックの代わりに市販のイカスミポーションを入れるだけなのですが、完成の見た目が真っ黒なので、盛り付けを気にしなくてもいいし、真っ黒というだけでかなりの驚きも与えられます。はじめは失敗するかもしれません。ですが、言い訳をしながら、最終的にはパエリアマスターを目指してみてください。すると、「焼きそばはもう古い」そんな時代も来るかもしれません。

ここまでのメニューを振り返ってもらえたらわかると思うのですが、アヒージョ、バーニャカウダー、パエリアなど、どれも名前がオシャレだと思いませんか？

ズバリ言いましょう、**メニューは名前が命**です！

バーベキューのイメージから遠ければ遠いほど、出てきたときの驚きは増していきます。ぼくはよく、イタリアンやスパニッシュから引っ張ってくることが多いです。

次のバーベキューのメニューに困ったときは、ぜひ参考にしてみてください。

今までのバーベキューから、急にガラッとすべてのメニューを変える必要はありません。ひとつずつ変えていき、一個一個のメニューを着実にものにしていってください。

メニューに趣向を凝らし、ひとつひとつの料理で驚きを与えていくと、それは次第に感動へと変わっていきます。「すげー！　すげー！」の声が、「こんなバーベキュー今まで経験したことない……」と感嘆の声になっていくのです。

そしてその言葉を引き出せたら、あなたはついに真のバーベキューマスターです！

第五章

バーベキューを さらに楽しむ

ここまで、バーべの心得からコース料理のいろはまで、
さまざまなことをつづってきました。
それだけでも充分に新たなバーベキューの楽しさ、
魅力に気付いていただけたと思います。

しかし、「もっと楽しみたい！」「もっと驚かせたい！」と
バーベキューに対して貪欲なあなた、
そんなあなたのためにさらなるナイスバーべな情報をお届けします。

これを知っておくと、
もっとバーベキューが楽しくなること間違いなし。

BBQ バーベキュー場の選び方

バーベキューをするにあたっては、場所選びも成功を左右する大事なポイントのひとつです。バーベキュー場が良くないと、バーベキューの楽しさも半減してしまいますよね。

場所探しには、インターネットを使う人が多いと思います。その際に、検討すべき項目がいくつかあります。そちらを見ていきましょう。

アクセスのよさ

これはいうまでもありませんね。大自然のなかでキャンプしたい場合はともかく、バーベキューだけが目的なら距離が近いほうがいいでしょう。行楽シーズンの場合、周辺の渋滞情報にも注意が必要です。

近くにコンビニやスーパーはあるか

食材や道具を忘れてしまうことは、バーベキューでは日常茶飯事。そんなとき、近くにお店があればすぐに調達できます。近隣のコンビニ、スーパーの位置をあらかじめチェックしておきましょう。

設備は充実しているか

たとえば、洗い場の数は混雑した場合にとても重要です。また、もしバーベキューに女子が参加するなら、トイレもできるだけ清潔なところを選んでおきたいところ。きちんとしたバーベキュー場は、トイレもしっかりしているものです。また、ペットと一緒にバーベキューを楽しみたい方は、ペット同伴可かどうかも確認が必要です。

炭を捨てる場所があるか

バーベキュー場に炭を捨てる場所がない場合、自分で炭を持ち帰ることになります。捨てかたは第二章でも述べましたが、炭捨て場があると片付けもずいぶん楽になります。もしバーベキュー場に捨てる場所があれば便利ですので、ぜひチェックしておきましょう。

ゴミに関しても、ゴミ捨て場がない場合があるので注意しましょう。

駐車場とバーベキュー場の距離

これが意外に重要なポイントです。特に、台車や折りたたみ式カートを持っていない場合、荷物はすべて手で運ばなければいけません。重い荷物を抱えて、駐車場とバーベキュー場を何往復もするのはかなりの重労働。できるだけ距離が近いバーベキュー場を選んだほうが、格段に楽です。

こういった点に注意しながら、バーベキュー場を選ぶといいでしょう。公式サイトの宣伝文句を真に受けるのではなく、**口コミやブログ記事などもぜひ参考にしてください**。「トイレが汚い」「虫が多い」など、公式の情報にはない生の声を聞くことができます。

ぼくも以前、場所選びで失敗したことがあります。事前にリサーチをせず、「バーベキューができる」ということだけを聞き、ある川の河川敷に行きました。着いてみると、バーベキューに来た大勢の人で、駐車場は満杯。仕方なく遠く離れた場所に車を停めざるをえず、河川敷に道具を運ぶだけで一苦労。バーベキューが始まる前にどっと疲れてしまいました。

河川敷のような無料で使えるバーベキュースポットには、天気のよい週末には大勢の人が殺到します。駐車場がなかなか空かないだけでなく、ひとつしかない洗い場やトイレに長蛇の列ができるなど、なにかと、気ぜわしい思いをするはめになります。

その点、有料のバーベキュー場ならトイレもきれいで、洗い場もしっかりしているケースが多いです。お金をケチらずに、有料のバーベキュー場を利用した方がリラックスしてのびのびと過ごせると思います。

ただし、場所によっては、人気のバーベキュー場は予約開始日にすぐ埋まってしまい、なかなか予約がとれない……なんてこともあります。スケジュールは早めにたてておいたほうがいいでしょう。

どこで買う？　どのくらい買う？

買い出しについても触れておきましょう。かたまり肉を焼くと本当においしいし、みんなのテンションもあがるということは、第四章でも説明しましたよね。

そんなかたまり肉は一体どこで買うのか。

たとえば、分厚いステーキ肉は、実は一般的なスーパーでも入手できます。スーパーによって取り扱っている部位に違いがありますが、アメリカ産やオーストラリア産のビーフはステーキサイズで置いていることが多いです。さらに大きなブロック肉がほしい場合は、精肉コーナーの人にお願いすると、希望の大きさで切って出してくれることもあります。また、近所のお店を何軒かチェックして、「ここでは丸鶏が売っている」「ここではスペアリブを切っていない状態で売ってもらえる」などと、普段から気にしてみることもおすすめです。

業務用のスーパーも便利です。牛ヒレや豚トロのブロック肉、牛タン丸々一本、スペアリブ、ランプ肉など、普通のスーパーなどではなかなか手に入らない部位のブロック肉が結構簡単に手に入ります。

さらに、アメリカ発の会員制スーパー、コストコもかなりおすすめです。ぼくも、大人数でバーベキューをするときは、よくコストコに買い出しに行きます。量は多いですが、かたまり肉を確実に手に入れることができます。

また、インターネットで購入することもおすすめします。ネットは値段が安いですし、お店のように「行ってみたら無かった」ということがありません。ぼくもよくネット販売を利用しています。バーベキューに適したベイビーバックリブや、リブロースのブロックなども手頃な値段で買うことができます。

郊外でバーベキューをやるときは、ぜひ「道の駅」に立ち寄ってみてください。道の駅には、その土地ならではの特色ある食材が売られていますから、買い物をしていても楽しいし、バーベキューに合う食材がきっと見つかります。

以前、三浦半島でバーベキューをしたとき、道の駅で極太のネギを買ったことがありました。炭火で表面を焦げるまで焼いた後、ネギの1枚目を剥くと中はトロトロ。ちょっと醤油をたらして食べたら、ネギの甘みが口の中に広がり、大好評でした。

市場に立ち寄るのも面白いです。格安で鮮魚が手に入ることもあれば、見たことない野菜に出会うこともあります。

こういう出会いがあるのも、バーベキューならではの楽しみですね。

次に、食材の買い出しで迷いがちなのが、「どれだけの量を買えばいいか？」ということ。

このときに大切なのは、**参加人数をしっかり把握しておくこと**です。人数さえ把握できれば、食材の量はおのずと決まってきます。

一般的に、**参加者1人に対して、肉の量は200グラムが目安**と言われています。これは、肉の種類を問いません。たとえば参加者が10人なら、肉の量はおよそ2キログラム。買い出しのときには、トータルで2キロになることをめざして、お肉を買い物カゴに入れていけばよいわけです。

もし参加者に女性が多ければ、肉の量をやや少なめに見積もる必要があります。もちろん個人差はありますが、一般的に女性は男性ほど肉をたくさん食べられません。1人あたり150〜180グラムを目安にすればよいでしょう。

参加人数をしっかり把握しておけば、買う食材の量もだいたいの目途がつくと思います。しかしそれでも、「予算が少なくて、肉が充分に用意できない」「当日いきなり人数が増えて、お肉がみんなに行き渡らない」……きっとそんなトラブルもあると思います。

そんなときに使える技が、〝**秘技！ 焼きそば調整の術**〟です。これはぜひ覚えておいてください。

焼きそばのコストパフォーマンス、これは半端ではありません。3玉が100円以下で買えたりもします。ちょっと多めに買っておいたとしても、コスト的に痛くありません。そして、キャベツが1玉あれば何人分でも焼きそばが作れます。

肉の量に不安があるときは、焼きそばをたくさん買っておいてください。普通、焼きそばはお肉を一通り焼き終えた後に出てくるので、焼きそばの量は「人数×0・6玉」くらいが目安ですが、余裕をみて、1人1玉くらい買い込んでおいてもいいかもしれません。

そして当日、「肉がちょっと少なかったかな……」と思ったら、後半にひたすら焼きそばを焼きましょう！ きっと焼きそばがあなたを助けてくれることになります（ただし、もし肉の量が結果的にちょうどだった場合は、その後数日間、地獄の焼きそば生活が待ち受けることになりますが……)。

そして、必要な量の見当をつけるのが難しいのが、お酒。参加するメンバーによってお酒の量は大きく変動するので、これぱっかりは当日みんなで買いに行ったほうがいいでしょう。

ここで活用できるのが、〝焼きそばの術〟の応用、**〝秘技! ハイボールの術〟**。ハイボールはウイスキーと炭酸水があれば作れてしまうので、焼きそばと同じように、これでアルコール量をコントロールできます。ウイスキー、炭酸水の近くに、カットしたレモンをさりげなく置いておけば、自然にハイボールが作りたくなるものです。もちろん氷の準備もお忘れなく。

サプライズ食材を用意せよ

食材を買う上で、ぼくが心がけているのが、**「サプライズ食材を必ず取り入れる」**ということ。持っていくだけで「何それ？」「スゴいな！」と盛り上がる食材を、必ずひとつは用意します。

たとえばステーキ肉もサプライズ食材です。厚切りのステーキ肉は、登場するだけで歓声が上がります。イベントでぼくがステーキを焼いたときも、たけだバーベキューが登場したときより、ステーキが登場したときの方が、明らかにカメラのシャッターがたくさん切られていました。最近ではTボーンステーキ（T字の骨がついたままのステーキ）も人気があるので、売り場で見かけたらサプライズ食材として即購入していただきたいです。

普通のソーセージではなく、ぐるぐる巻きのソーセージなんかも売っていますので、それを網の上でドーンと豪快に焼いて切り分けても喜ばれます。

牛タンを一本持っていき、分厚く切って焼いてもいいですよね。そこに、半分に切ったレモンをきゅーっと豪快に絞ると、さらにワイルドさアップで見た目のおいしさが増します。

また、ウクレレぐらいはありそうな巨大ロブスターを焼いたこともあります。登場させると、皆の目が驚きと興奮でキラキラと輝き、その目はまるでロックスターを見るかのようでした。

カツオを柵ごと買っていって、串刺しにして焼いたこともあります。しかも、本場・高知県の焼き方をまねて、炭火ではなくワラの炎で焼きました。一気に上がった炎でカツオの表面をあぶり、そのあと氷水でしめる。この演出もまたサプライズです。

ネットで仔豚を購入して、丸焼きにしたこともありました。かなりの時間を要しましたが、なかなかできる経験ではないので、みな思い出に残るバーベキューになったと思います。

季節限定の食材もサプライズ食材です。

秋の味覚、松茸は炭火で焼くと最高においしいですし、何といっても香りがたまりません。

さんまも、秋のバーベキューには欠かせません。価格は安いですが、充分にサプライズ食材です。塩をして強火で一気に焼き上げ、仕上げにスダチを絞ってあげます。多少の皮の焦げ付きは気にしてはいけません。むちゃくちゃおいしいです。

どうですか？　バーベキューでこんなのが出てきたら、かなりテンションが上がりますよね？

バーベキューでは、ちょっとくらい贅沢をしても、みんなで割り勘をするので大した出費にはなりません。そして、**出費以上の感動が生まれます**。

そんなことができるのも、バーベキューならではです。ぜひ1品、サプライズ食材を調達してみてはいかがでしょうか。

演出力のある食材

バーベキューの雰囲気をぐっと高めてくれる、演出力の高い食材があります。いくつか紹介しましょう。

まず、必ず持っていってほしいのはパプリカです。

焼いたパプリカは甘みがあっておいしいのはもちろんですが、大事なのはその色味。ツヤがあってビビッドなパプリカの赤と黄色は、外の明るさのなかでは、ほかの食材にはない華やかさを添えてくれます。水滴のついたパプリカは写真映えもするし、ほかの野菜やお肉とのコントラストも綺麗です。

トウモロコシもパプリカ同様、その色の鮮やかさから演出力の高い食材です。おすすめの調理法は、皮のついたまま丸ごと網の上で焼くこと。皮は焦げますが、中は蒸し焼きになって火がよく通ります。ある程度焼いたら、皮をはがして、ソースをハケで塗りながら香ばしく焼き上げましょう。こんな焼き方も、バーベキューを盛り上げる演出のひとつです。

そのほか、殻付きのホタテや、殻付きの有頭エビ、骨付きのソーセージ、骨付きカルビなども演出力はかなり高いです。

ハーブ類も欠かせません。

特に、お肉と相性のいいのがローズマリー。ステーキ肉を焼くときには、ローズマリーをのせて焼けばお肉にほんのりと香りが移って、ちょっと高級感のある味わいになります。盛り付けのときにはクレソンやルッコラ、プチトマトを添えたりするのもいいでしょう。緑や赤が加わることによって、食欲もそそり、一気にフォトジェニックになります。イタリアンパセリ、バジルもおすすめです。香りとともに、雰囲気もぐっとよくなります。

飲み物では、シャンパンを一本買っていくのもおすすめ。シャンパンのコルクを抜く瞬間はやはり盛り上がります。室内と違い、天井にコルクがあたったり、床が濡れたりすることもありません。バーベキューのオープニングにふさわしく、女性にも喜ばれます。

調味料のあれこれ

バーベキューで忘れてはいけないのが調味料。ぼくは、基本の調味料として塩、黒コショウ、オリーブオイル、この3つは必ず持っていきます。

肉をかたまりで焼くことが多いので、焼き肉のタレではなく塩、黒コショウのみで味付けすることが多いです。かたまり肉の場合は、シンプルな味付けの方が、肉の味がダイレクトにわかっておいしいです。

そして、塩、黒コショウについては、絶対にミル付きのものを持っていってください（90ページ）。

オリーブオイルは、エクストラバージンは苦みが強いので、ピュアオリーブオイルを選びます。バーニャカウダーなどの料理に使うほか、ハケで網に塗って食材の焦げ付きを防いだり、焼きそばなどの鉄板焼きに使ったりするときにも活用できます。サラダ油を持っていってもよいのですが、ぼくはたいていオリーブオイル一本ですべてすませてしまいます。

そのほかに、いつも持っていく「たけだバーベキューおすすめの5点セット」があります。それが、ヨシダソース、アンチョビペースト、ガーリックチューブ、パプリカパウダー、シナモンシュガーです。順番に説明していきましょう。

①ヨシダソース

アメリカの有名なバーベキューソースです。開発したのは、日本人の吉田潤喜さん。ちなみにこの方は、このソースの販売で大成功をおさめ、アメリカで億万長者になりました。ドロッとした濃厚な味わいで、少し甘みがあります。スペアリブに塗るだけで本場の味になりますし、ヨシダソースを知っている人がいれば、「これ、おいしいよね」と盛り上がります。輸入食材店や大型スーパーで手に入れることができます。日本人の口に合うタレも販売されています。

②アンチョビペースト

バーニャカウダーをはじめ、野菜との相性が抜群。ホイル焼きでも活躍します。

瓶などに入って売られているフィレのものだと、一度開けてしまうと保存がしにくいし、分量も難しいです。しかし、チューブタイプのものだと、ペーストになっているので使いたいときに使いたい分だけ出すことができます。これが一本あると、いろいろな料理に応用が効きます。

③ガーリックチューブ

ステーキに塗ったり、アヒージョに使ったり、ホイル焼きに使ったりと、いろいろな場面で活躍します。こちらも、包丁でニンニクを刻む必要がないチューブタイプがおすすめです。

④パプリカパウダー

パプリカをパウダー状にしたもの。辛みはありません。鶏肉、豚肉などに赤い色味をつけるために使います。アメリカのバーベキューでは、こうしたパウダーで肉を真っ赤に色づけすることが多いんです。赤色は、食欲をそそりますから。ぼくはこのパウダーに香辛料をブレンドしたオリジナルの調味料をいつも持っていきます。

⑤シナモンシュガー

デザートで活躍する調味料。焼いたリンゴやバナナなどのフルーツに振りかければ、シナモンの香りが素材の味を引き立てて、ぐっとおいしくしてくれます。

このほかに、ステーキ肉とよく合うホースラディッシュ、ワサビ、マスタードピクルスもおすすめです。

調味料を使うときにも、ちょっと一手間加えて、普段とは一味違う雰囲気を演出してあげましょう。

BBQ 魚介を食べるならホイル焼き

肉料理、野菜料理とくれば、次に食べたくなるのは魚料理。網焼きにしてもおいしいのですが、さらにおいしくいただくには、ぜひ「**ホイル焼き**」にチャレンジしてみてください。

具材と調味料をアルミホイルで包んで焼くので、基本的には蒸し焼き状態になります。

ですので、焦げ付くこともなく、旨味をたっぷり含んだふっくらとした魚料理がバーベキューで楽しめるのです。香ばしい焼きものがメインのバーベキューに、アルミホイル料理は新風を吹かせてくれます。

やり方は簡単。アルミホイルに具と調味料をのせて、ホイルの上辺を合わせて折り込み、さらに左右を合わせて内に折り曲げて密封します。あとはそれを網の上にのせて焼くだけ。

アルミホイルのすき間から湯気がふつふつと出てきたら、食べごろの合図です。先ほども述べましたが、アルミホイルは焦げつかないので失敗することはまずありません。網にのせた後はほったらかしにしておけばよいので、簡単で手がかかりません。ホイルを開いたときには、湯気や香りがパッと広がるので、演出効果も高い調理方法です。

しかも、食べた後はホイルを丸めて捨てるだけ。**洗い物が出ないし、網が汚れないのもいいですよね。**

具は基本的に何を包んでもOKです。白身魚とキノコの組み合わせが特に相性がよいのでおすすめです。スーパーで売っているタラや鮭などの切り身を使えば下処理は要りませんし、うろこさえ処理できれば、小さなメバルやタイを丸ごと包んでもいいでしょう。イカを一匹丸ごと買って、輪切りにし、さらにワタも一緒にホイルに包んで焼けば、最高のおつまみになります。

調味料は、塩コショウだけでも充分おいしく食べられますが、それに醤油とバターを加えれば、最強のホイル焼きに仕上がります。味噌を溶いて、チャンチャン焼き風にしてもおいしく食べられます。みりんと酒も持っていっておけば、もう完璧です。

慣れてくれば、アルミホイルを使ってパエリアやアクアパッツァ、煮込みハンバーグなど、メイン級の料理を作ることだってできます。さらに、初めから終わりまでホイル焼きで完結させて、網を汚さずにバーベキューにすることだって難しいことではありません。

シンプルながら、奥が深いのがホイル焼き。バーベキューの後半、「肉を焼くのにそろそろみんな飽きてきたかな」というタイミングで、ぜひやってみてください。

放っておくだけ！　燻製をやってみよう

ホイル焼きのほかにもうひとつ、「放っておくだけでできる」手軽な料理が燻製《くんせい》です。いま、世間は空前の燻製ブーム。燻製料理を楽しむ専門店も増えてきました。スモーキーな味わいが、お酒にとても合いますよね。そんな燻製を、ぜひバーベキューでもやってみてほしいです。

保存を目的とした、本格的な燻製をするのはなかなか難しいのですが、燻製の風味と色をつけることはバーベキューのときでも比較的簡単にできます。

おすすめしたいのは、木のくずを固めて作った燻製材、「スモークウッド」を使った方法です。

木を細かく砕いた「スモークチップ」という燻製材もあるのですが、これだとチップを燃やすために下からの熱源が別途必要となってきます。

しかし、スモークウッドは一度バーナーなどで燃やすと、それ自体から燻煙を出し続けることができるので、放っておくだけで初心者でも簡単に燻製を作ることができます。

作り方は簡単。まず用意するのは燻製器です。

市販の簡易燻製キットでもいいですし、段ボールで作ったお手製の燻製器でも大丈夫です。

最初にスモークウッドをバーナーで燃やし、火を消して煙だけが出る状態にします。それをステンレスのお皿に置き、燻製器の一番下にセットします。

そして、網に食材を並べ、燻製器を密閉します。このとき、スモークウッドに酸素が入るよう、少し空気孔をあけておくことが大事です。

あとはひたすら待つのみ。時間は、30分でも少しなら色はつきますが、バーベキューの前半にセットし、後半に取り出してもいいでしょう。

スモークウッドは、酸素がないと煙が消えてしまうので、たまに気にして見てあげてください。

おすすめの食材は、**6Pチーズ**。モッツァレラチーズなどは熱で溶けてしまうことがありますが、6Pチーズはほとんど溶けないので失敗がありません。色づきもわかりやすく、濃厚なコクとスモーキーさがお酒にもピッタリです。

ソーセージやボイルのベビーホタテ、はんぺん、かまぼこなどの練りものも燻製に向いています。

火起こしをした後にまず燻製をセッティングし、バーベキューをしている間にいぶし続ける。そして、みんなが燻製の存在を忘れかけた頃に、どや顔でオープンしてください。きっとみんな、色づきに驚くはずです。**バーベキューには燻製を！**　これがトレンドになる日もそう遠くないかもしれません。

バーベキューをもっとおいしくする小ワザ

ここで、バーベキューの料理をもっとおいしくしてくれる小ワザを紹介しましょう。ちょっとした工夫で、いつものバーベキューが劇的に変わります。

白ワインスプレー

白ワインをスプレーボトルに入れて、焼いている途中の食材にシュッとふきかけます。するとと、パサパサになりがちな鶏肉や野菜、魚介類の水分を補い、さらに白ワインの風味がほどよくついておいしさもアップします。水分を与えることによって、中まで熱が入りやすくもなります。アスパラガスやエリンギは、炭火で焼くとすぐにしなしなにしおれてしまいますが、これでびっくりするほどジューシーになります。

刻み長ネギ

豚バラ肉や、塩タンをおいしく食べる小ワザ。長ネギを5ミリくらいの細さに切り、そのまま網にのせてお肉の横で焼きます。網から落ちないように、斜めに切って面を大きくすることがポイントです。火が通ったらごま油を垂らし、お肉と一緒にネギを豪快に箸でつかんで、口の中へ。ネギの風味と歯ごたえがお肉の味を引き立ててくれます。

カレー缶ディップ

いなばのカレー缶を開け、網の上に缶ごとのせて煮立てます。塩を振った鶏もも肉をその隣で焼き、カレー缶にディップして食べれば、「炭火焼チキンのカレー風味」のできあがり。手軽にできるアイデア料理です。

岩塩プレート

その名のとおり、岩塩のプレートをそのまま網の上に置き、その熱せられた岩塩プレートの上でお肉を焼きます。すると熱で溶けた塩味がお肉に移り、何とも言えない贅沢な味わいに。岩塩プレートはアウトドアメーカーからも出ていますし、ぼくは道の駅でも買ったことがあります。

溶岩プレート

岩塩プレートのほかに、富士山の近くで採掘された溶岩をプレート型にした、「溶岩プレート」なるものも売られています。これは遠赤外線効果が高く、熱が冷めにくいので分厚いお肉も中までしっかり火を通すことができます。鉄板の代わりに利用してください。

カマンベールチーズでチーズフォンデュ

スーパーなどに売られている、ホールのカマンベールチーズを使ってチーズフォンデュを作ります。チーズの中央にナイフで十字に切り込みを入れ、ホイルで包んで加熱します。すると、中だけがトロトロにとろけて、そこで食材をディップすることができます。

野菜やエビ、ソーセージなどをくぐらせて食べると本格チーズフォンデュの完成です。

ポーションのコーヒー

バーベキューの後半は、ゆっくりアイスコーヒーでも飲みたくなりますよね。そんなときにポーション型のコーヒー液を持っていってください。ちょうどその頃にはクーラーボックスのブロックアイスが溶けて氷水になっているので、その水を注いでキンキンに冷えたアイスコーヒーを作りましょう。至福のひとときが味わえます。

アイデア次第で、バーベキューの可能性はどこまでも広がっていきます。あなたも自分なりの小ワザを見つけてみてください。

究極の片付け術

楽しい楽しいバーベキューですが、唯一、みんなにうっとうしく思われているものがあります。それが後片付けです。

これだけは、さすがのぼくでも、何回バーベキューをやっても好きにはなれません。洗いものをして、イスやテーブルをたたんで、ゴミをまとめて、グリルを洗って……と、やることがとにかく多いです。

特にグリルや折りたたみテーブルは、少し複雑な作りになっているので、持ち主にしかしまい方がわからなかったりもします。なのでほかの人より負担が増えて、しんどい思いをすることになってしまいます。

ここで、後片付けのスピードがぐんと上がり、なおかつ労力も激減する片付けの極意をお教えしましょう。それは、**「設営を自分でやらない」**ということです。

はてなマークが頭に浮かんだ人もいると思うので、簡単に説明しましょう。

ぼくは後片付けの回数を重ねていくうちに、あることに気づきました。それは、「片付けたい気持ちはあるけど、触ったことがないしやり方もわからないからそっとしておこう」、みんなこう思っているのではないかと。

思い返せば、ぼくが持ってきた荷物なので、設営のときは自分が率先して機材を組み立てていました。そうした方が早くバーベキューが始められると思っていたからです。しかし、これが大きな間違いでした。設営を自分しかしていないので、触ったこともない機材をほかの人が片付けられるわけもないのです。

ですので、**「設営はやってもらう」**。

初めての機材でも、設営時にみんなで手分けして試行錯誤しながら組み立ててもらえれば、撤収するときはその逆の手順でばらせばいいだけなのです。

つまり、**「組み立てたものを、組み立てた人が撤収する」**。これが一番のポイントだったのです。

また、グリルについてですが、ぼくがゴシゴシ洗うのは、実は網だけです。

「洗わないと汚いじゃないか」と言われそうですが、そうではないんです。

グリル本体、特に網を置く表面の部分は、お肉の油などで汚れています。放ってお

く と汚れがこびりついてしまいます。

しかし、それは時間がたつからこびりついてしまうのです。

ぼくは、バーベキューが終わってすぐ、まだステンレスの部分が熱いうちにキッチンペーパーで拭き取ります。油汚れなので、熱いうちに拭き取ると一瞬できれいになります。

脚もさっと拭くだけです。

火床もゴシゴシ洗いません。炭を捨てて灰を落とした後は、乾いた雑巾でさっさと残った灰を払うだけ。

というのも、火床に関しては毎回炭が入るので汚れて当然です。そんな汚れて当然の火床を必死になって毎回ゴシゴシ洗うのは、本当に骨の折れる作業です。ゴシゴシ洗うのは数回に1回で大丈夫です。

ただ、食品がのる場所なので、網だけはしっかりと洗います。

洗う前にも、きれいにするコツがあります。それは、網にこびりついた食材を、炭火で炭化させて落とす方法です。やり方は簡単です。

まず網にアルミホイルをかぶせ、炭火でカラ焼きします。そのまま火にかけっぱなしにすると、熱がこもり、こびりついたものが炭化してパリパリの状態になります。あとは炭化したゴミを叩き落とすだけです。

バーナーを持っている人は、バーナーであぶると一瞬で炭化させられるので便利です。

鉄板は、焼き終わったら水を入れて沸騰させます。すると焦げが浮いてくるので、あとはヘラなどでさっとこすりましょう。そうすると、すぐに焦げがはがれ落ちるので、汚れたお湯を流すとすっかりきれいになっています。

ここで、たわしを忘れたときに使える技を1つお教えします。それは、アルミホイルをくしゅくしゅっと丸めて、即席の金ダワシを作ること。これがめっちゃ使えます。それでゴシゴシこすると、絶妙の摩擦具合で網でもグリルでもかなりきれいになります。ぜひ使ってみてください。

さて、五章にわたって、バーベキューのさらなる楽しみ方をお伝えしてきたわけですが、いかがでしたでしょうか？　バーベキューは、やり方ひとつで今までとはまったく違ったものになります。そして、ただただ楽しむだけではなく、料理を味わい、驚きを生み、さらにはそれが感動まで呼び起こすことになることもおわかりいただけたと思います。そのバーベキューをするのは、まさにあなたです。

これを読んだあなたのバーベキューで、舌を唸らせ、みんなを驚かせ、ぜひとも感動の輪を広げていってください。それが〝すごいバーベキュー〟なのですから！

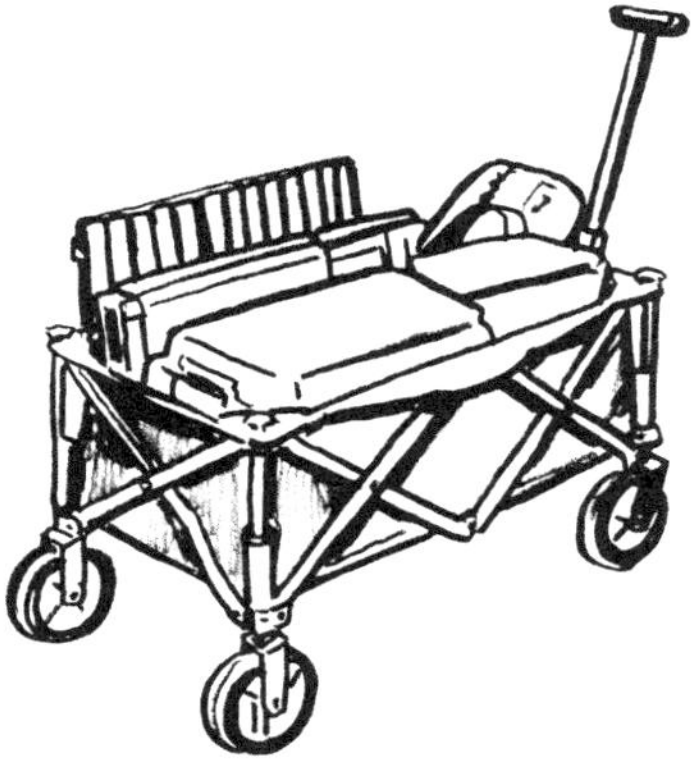

TAKEDA
BARBECUE

すごいバーベキューのはじめかた

2016年7月27日初版発行

著者
たけだバーベキュー

発行人
内田久喜

編集人
松野浩之

構成
庄子孝信

撮影
武藤奈緒美、青山千絵(hinata)

編集
南百瀬健太郎

営業
島津友彦(ワニブックス)

撮影協力
城南島海浜公園

発行
ヨシモトブックス
〒160-0022東京都新宿区新宿5-18-21
TEL:03-3209-8291

発売
株式会社ワニブックス
〒150-8482東京都渋谷区恵比寿4-4-9えびす大黒ビル

印刷・製本
株式会社光邦

ISBN978-4-8470-9472-9

持ち物チェックリスト

必ずいるもの

- [ ] バーベキューグリル
- [ ] テーブル
- [ ] イス
- [ ] クーラーボックス
- [ ] 保冷剤
- [ ] 食材
- [ ] 調味料
- [ ] まな板
- [ ] 包丁
- [ ] 皿
- [ ] 箸
- [ ] コップ
- [ ] キッチンペーパー
- [ ] ウェットティッシュ
- [ ] ジップロック
- [ ] アルミホイル
- [ ] スポンジ
- [ ] 洗剤
- [ ] ゴミ袋
- [ ] 食用トング
- [ ] 炭用トング
- [ ] 炭
- [ ] 着火剤
- [ ] 着火ライター
- [ ] バケツ
- [ ] 革手袋
- [ ] 軍手
- [ ] タープ
- [ ] タオル
- [ ] 虫よけ
- [ ] 帽子
- [ ] 日焼け止め
- [ ] 雨具

持っていくと役に立つもの

- [ ] チャコールスターター
- [ ] 折りたたみ式キャリーカート
- [ ] 折りたたみ式木製ラック
- [ ] 折りたたみ式ボックス
- [ ] ポップアップ式ランドリーボックス
- [ ] レジャーシート
- [ ] テーブルクロス
- [ ] 仕切りのある紙皿
- [ ] シェラカップ
- [ ] シリコンのハケ
- [ ] 使い捨ての薄手袋
- [ ] ソルト＆ペッパーミル
- [ ] スキレット
- [ ] マスキングテープとマジック
- [ ] 燻製キット
- [ ] スモークウッド
- [ ] ガスバーナー
- [ ] うちわ
- [ ] 火消し壺
- [ ] ブルートゥースのスピーカー
- [ ] 遊び道具（ドッヂビー、大縄など）

BARBECUE
BARBECUE
BARBECUE
BARBECUE
BARBECUE
BARBECUE